AF462466

LETTRES

D'UNE

FILLE

A SON

PERE.

Cinquième Partie.

ADÈLE DE COMM··, OU LETTRES D'UNE FILLE À SON PÈRE.

Forme ta Fille, comme tu voudrais
qu'on eût élevé ta Femme.

EN FRANCE.

M. DCC. LXXII.

PRÉFACE
DE L'ÉDITEUR.

CETTE Cinquième Partie contient des Pièces absolument étrangères aux LETTRES ; *mais qui ne le sont pas à quelques-uns des Personnages, qu'on y voit faire un rôle assez étendu.*

La PREMIÈRE PIÈCE, *intitulée*, la Cigale &-la-Fourmi, *est de feu* M. *le Marquis de Giv·, qui la composa pour amuser mademoiselle de Comm·· durant l'absence de madame la Comtesse d'Ol··.*

La SECONDE (le Jugement-de-Pâris) *avait le même objet ; mais elle ne fut jouée que durant les fêtes qui suivirent le mariage du Marquis son Auteur, avec mademoiselle de la S···.*

La petite Dissertation SUR L'AMBIGU-COMIQUE, *dont les deux Pièces dramatiques sont suivies, est de moi : je crois y avoir démontré l'utilité de ce Spectacle, & plaidé sa cause de la ma-*

nière la plus avantageuse. J'apprens néanmoins que les Auteurs attachés au Théâtre-Éphébique, *n'en ſont pas contens* (*) ; *ils disent que je donne tout le mérite au* Néomime *ou* Directeur. *Je ſuis très-mortifié d'avoir déplu à ces Meſſieurs ; les Gens-de-lettres doivent être ménagés & conſidérés, par leurs Confrères encore plus que par les Gens-du-monde. Je les invite à relire ſans prévention l'article* des Pièces ; *ils y verront que je ne leur ai point imputé les défauts de leurs petits Drames, qui, je l'avoue de bonne-foi, ont un mérite particulier. Mais je ne pouvais, ſans inconſéquence, parler autrement que je ne l'ai fait ; ils en ſentiront les raisons peut être mieux que perſonne. J'ajoute même ici, que tout ce que j'ai cru devoir avancer, du*

(*) J'en avais diſtribué quelques Exemplaires, avant que cet Ouvrage parût en totalité.

travail du Néomime, *eſt conforme à la plus exacte vérité : je le compare, ſans héſiter, à l'Architecte ; il ne taille pas la pierre, il ne la poſe pas ; mais il en a marqué la forme & la place ; c'eſt à lui qu'on doit la grâce de l'enſemble. Il n'en eſt pas de-même aux autres Théâtres ; mais celui-ci ne leur reſſemble guères plus en cela, que par ſon genre & ſes Acteurs.*

La QUATRIÈME PIÈCE *eſt toute-entière du Marquis de Giv· ; il n'y a de moi que la page d'*Avertiſſement *& la Note en proſe qui termine l'Avanture de la Nièce. Le renvoi de ce* Conte *ou* Proverbe *ne ſe trouve pas dans les Lettres ; on le verra dans l'Hiſtoire* [D], *intitulée la* Partie-de-plaiſir, *Quatrième Partie*, page 182.

La CINQUIÈME PIÈCE *a ſon renvoi dans le dernier Morceau de la IV*e *Partie, intitulé* Théorie de la Nature & des Loix. *Je l'avoue pour être de moi.*

On peut la regarder comme une question de commerce, qui s'est offerte à mon esprit, sous un tout autre point-de-vue, que ne l'ont envisagée, & le Public & les Littérateurs. C'est ce qui m'a fait la présenter comme un Contr'Avis aux Gens-de-lettres. *Je l'ai écrite de mon propre mouvement, & sans y être engagé par aucun autre motif, que la force de la vérité.*

Voila de quoi ce Recueil est composé: j'espère qu'il n'ennuiera pas, & qu'il sera même de quelqu'utilité: la variété s'y trouvera du-moins, & de-plus, (comme dans tous les ouvrages que j'ai publiés) quelques vues neuves, avec une manière *qui n'imite personne* (*).

(*) C'est le jugement qu'ont porté de cet Homme-de-lettres, le sévère & judicieux *Auteur de l'Année Littéraire*, le *Mercure*, le *Journal-Encyclopédique*, &c. [Note du Libraire].

LA CIGALE ET LA FOURMI,

FABLE DRAMATIQUE.

AVERTISSEMENT.

COMME je me proposais de donner au *Théatre-Éphébique* les deux Pièces qu'on va lire *, j'appris qu'il ne ferait plus possible de les y jouer, à-cause des Danses quelles exigent. Je me propose de faire à ce sujet quel-

* Annoncées *pages 47 & 48 de la III Partie des Lettres-d'une-Fille-à-son-Père.*

ques *Réflexions;* le Public, à qui je les adresse, jugera de leur solidité *.

Je reviens aux Pièces. J'y trouve une morale saine, égayée par le spectacle ; des notions, utiles aux Enfans, de la Fable-héroïque, & d'heureuses applications de l'Apologue. La *première* indique un genre absolument nouveau : l'on pourrait ainsi tirer parti de toutes les Fables anciennes & modernes, en fondant celles dont la morale est la même, dans une seule Pièce. Le peu d'intrigue de celle-ci, me paraît d'autant mieux proportionné sur la capacité de l'Enfance, que la conduite, le nœud & la catastrophe ne dépendent que des Dieux ; les Enfans agissent en aveugles, comme il ne leur est que trop ordinaire.

* Elles sont à la fin de la seconde Pièce.

Peut-être trouvera-t-on qu'on n'obſerve pas exactement dans *La-Cigale-&-la-Fourmi*, la règle, De ne donner aux Enfans que de petits couplets, des choses ſimples, des phrâses coupées &c. J'avouerai que j'avais corrigé ce défaut, lorſque je penſais à la mettre au *Théatre-Éphébique :* mais comme en facilitant la Représentation, je décharnais la lecture, j'ai cru devoir à l'Auteur de la donner à l'impreſſion telle qu'il l'a composée. Cette réponſe n'eſt pas la ſeule que je puiſſe faire à l'objection que je viens de me proposer, ainſi qu'à d'autres, ſupposé que les détails y donnent lieu : La Pièce fut jouée dans un château, par des Enfans devant leurs Parens, & les Amis de la maison ; l'on juge avec quelle plaisir & quelle attention ils étaient écoutés, dans les endroits même qui paraîtront peut-être longs & trop raisonnés à des Spectateurs indifférens.

QUANT à la *seconde Pièce*, c'est principalement aux Élèves de Terpsichore qu'elle était destinée par le Marquis de Giv· son Auteur : il doit exposer ses vues dans un *Avis* à la tête de sa petite Comédie.

Voici comme j'aurais distribué les Rôles de la *Fable Dramatique.*

Acteurs.	MM.	*Actrices.*	Mesdemois.
MERCURE,	*Talon*, cad.		
JUPITER,	*Marcadet.*	Madame POUPINOT,	*Clérophile.*
FRIVOLET,	*Talon*, l'aî.	COLOMBINE,	*Tonton.*
CRISPIN,	*Bordier.*	La Cigale,	*Henriette.*
PIERROT,	*Lavarenne.*	2. Cigale,	*Rivière.*
La Fourmi,	*Moreau.*	3. Cigale,	*Durand.*
Une Fourmi,	*Gémon.*	4. Cigale,	*Rousseau.*
Les Fourmis,	*differ. Act.*	5. Cigale,	*Naurès.*
Le Moineau,	*Rouget.*	6. Cigale,	*Victoire.*

Radegonde, nourrice de Me Poupinot, Mlle *Naurès.*

Némésis, les Furies, des Spectres, l'Espérance.

La Scène est dans la Maison de Campagne de madame Poupinot, près la Ville de Lutèce, à-peu-près où sont aujourd'hui les Boulevards du Temple.

Compliment avant la Pièce.

Arlequin.

Messieurs : Nous sommes des Enfans ; nos talens & nos forces sont bornés : Permettez que nous ouvrions une carrière nouvelle, pour vous divertir d'une manière conforme à notre âge. L'indulgence que vous nous marquez, n'en sera que mieux fondée, lorsque nous joindrons l'utile à l'agréable. Nous nous proposons de faire parler les Animaux, d'après leurs panchans & l'instinct qu'ils ont reçu de la Nature : cette manière naïve ne peut être mieux placée que dans les bouches enfantines. Ne dédaignez pas nos jeux : *Ésope*, le Père de l'Apologue, joua plus d'une fois à *cache-cache* avec des Enfans ; & cet Ésope, vous le savez, donna des conseils aux Rois : comme lui, folâtrez un moment avec nous ; la Fable de l'*Arc-trop-tendu* doit vous justifier à vos propres yeux.

(*On baisse la toile : l'Orquestre joue quelques instans.*

LA CIGALE & LA FOURMI.

PROLOGUE.

MERCURE, madame POUPINOT.

La toile se lève, & Mercure *sort de sa machine.*

MERCURE.

JUPITER a lu dans votre cœur; il est touché de vos larmes, & du desir sincère de corriger votre Fils & vos Gens, que trop d'indulgence a gâtés.

Madame POUPINOT.

Leurs vices sont mon crime, Seigneur.

MERCURE.

La bonté peut aller trop loin; jamais elle ne fut un crime. Vous gémissez de leurs défauts, & ne pouvez vous résoudre à punir?

Madame POUPINOT.

Punir! ah! Seigneur, le mot seul effraie les oreilles d'une Mère.

MERCURE.

Eh-bien, le Maître des Dieux & des Hommes, à quî l'on est sûr de plaire par une tolérante douceur, va réaliser pour vous l'Apologue qu'Ésope & Pilpai ont inventé par le ſecours de Minerve. Dans cette même ſoirée, vous allez voir paraître ici la travailleuse Fourmi, l'inutile Cigale, & le Moineau coquet. Ils auront tout le bon-ſens ou tout l'eſprit qu'exigeront leurs rôles & leurs caractères. Je me retire; mais je vous laiſſe mon Caducée avec l'Égide de la divine Pallas; le premier vous fera pénétrer par-tout; la ſeconde doit vous rendre invisible, & tous-deux écarteront les preſtiges de l'illusion.

Madame POUPINOT.

Que de grâces je dois aux Dieux!

MERCURE *rentrant dans ſa machine pour remonter au ciel.*

Adieu; vous me reverrez bientôt.

Madame POUPINOT.

Je vais, Seigneur, tout eſpérer de la céleſte Puiſſance, & m'abandonner à vos ſoins généreux.

(*La Scène reſte vide après le départ de* Mercure *& de madame* Poupinot : *mais on entend dans la couliſſe le bruit que feraient deux Enfans qui diſputent.*)

PREMIER ACTE.

[*Le Théâtre est un jardin ; le fond représente un Office, qui reste ouvert; sur le devant est un berceau, sous lequel se placent les deux Acteurs*].

I SCÈNE.

COLOMBINE *avec un panier de salade;* PIERROT *suit pour aider à l'éplucher.*

La première fort animée.

OUI-DA, oui-da je le dirai.

PIERROT, *pleurant ou grimaçant.*

Hum, hum.... Colombine.... Mais c'ment devines-tu donc ça, toi?

COLOMBINE *hésitant.*

Comment? (*ils s'assiént, & travaillent.* Tien, voila ta tâche. (*elle lui donne tout.*

PIERROT, *se dépêche, sans y faire attention.*

Foin soit de moi! en v'la su mon habit!

COLOMBINE *à-part.*

C'est bon ; je n'y prenais pas garde! (*haut*) Gardez donc le secret à mons Pierrot; & puis... moi, je passerai pour les avoir mangées.

PIERROT.

Eh ben, je dirons que c'est le chat, là. Hum, hum.

COLOMBINE *joue au Bilboquet.*

Le chat aura mangé des confitures !

PIERROT.

Quien, Colombine, la peur que tu me donnes me tourneboule la tête, & je ne sais pus ce que je dis, moi ; je deviendrai fou, là ; je pédrai l'esprit.

COLOMBINE.

Oh ! tu ne perdras rien.

PIERROT.

Je dirons que c'est... que c'est... Un bon moyen, un bon moyen, Colombine ! je vais casser le pot exprès, comme si ce n'était pas exprès, & pis....

COLOMBINE *tire un miroir de poche.*

Bon moyen, vraiment ! Il est digne d'un butor comme toi. Casser un vase de terre d'Étrurie *, qui coûte bien cher à ma bonne Maitresse, pour épargner les oreilles d'un nigaud ! Je le dirai.

PIERROT *pleure.*

Hum, hum.... de terre de Tuerie ?.. : hum, hum... Ma bonne amie, ma garcieuse Colombinette, ne me vend pas.

* Les figures de ces vases étaient rouges, & le fond noir, entremêlé de bandes blanches pour faire ressortir les deux autres teintes : ils différaient ainsi des vases d'Égypte, qui étaient unicouleurs.

COLOMBINE *se nétoyant les dents.*

Moi ! ton amie ! l'amie d'un gourmand ! fi-donc !... Et-puis, des confitures dont ma Maitresse me donnait quelquefois !... Elle va le savoir.

PIERROT.

Aras-tu ben le cœur de me faire rosser !

COLOMBINE.

Oui.

PIERROT.

Tout-de-bon, là, ma Colombinette ?

COLOMBINE.

Oui.

PIERROT.

Ta bonne-vérité ?

COLOMBINE.

Il a de la peine à le croire, le butor !

PIERROT.

Eh-ben, ben, dites, mam'selle Colombine ; oh ! dites, dites.

COLOMBINE.

Je n'y manquerai pas.

PIERROT.

A vous permis... Allez, allez donc, mam'selle Colombine. Je ne sus qu'eune bête, mais j'ai des yeux tout-c'me les ceux qui avons d' l'esprit.

COLOMBINE *finement, la vue baiſſée.*

Des yeux !.... à quoi te ſervent ils ?.... ces ſtatues les ont plus expreſſifs.

PIERROT.

Non, i ne ſont pas pouſſifs, mais i voyons ce que n'on fait quant n'on crait qu'i ne voyons pas. (*à-part*) Je m'en moque ben qu'a le dise; eh-ben n'on me grondera ; les paroles n'écorchont pas. (*riant ſotement*) J'en mangerai encore da. (*haut*) J'ai fini le putôt, oui-da moi.

COLOMBINE *avec ironie.*

Oh ! ſûrement.

PIERROT.

Je m'en-vas : j'ai vu : j'ai une langue : & je vous laiſſe à vos réfections, main'-selle Colombine.

II SCÈNE.

COLOMBINE *ſeule.*

COMMENT ! je crois qu'il ſe dégourdit ! l'imbécille ſe déniaise !.... Si je ne le disais pas, on me ſoupçonnerait, lorſqu'il m'arrive d'en faire autant........ Mais que veut dire cet animal, avec ſon *j'ai vu ?*... J'ai pourtant bien pris-garde que perſonne.... Après tout ! quand cet Idiot.... Ah! voici l'Enfant-gâté de Madame, avec ſon pauvre Commis-aux-érules *.

III SCÈNE.

FRIVOLET, CRISPIN, COLOMBINE.

MONDIEU, Tolombine, ze ſuis tout à naze: z'arrive du Toléze d'Isis, où z'ai tant zoué à la balle, que ze n'en puis plus. (*il ſe met à la place de* Colomb.)

COLOMBINE.

Reposez-vous, monſieur, & ne paraiſſez pas devant ma Maitreſſe comme vous voila: vous la connaiſſez.

CRISPIN.

La crainte qu'il ne vous prenne un rume la ferait évanouir.

FRIVOLET, *du ton de la ſuffisance.*

Ze ſais ce que ze dois faire. Être plaint, flaté, careſſé, troquer des bonbons, aveudler ſur mes fautes, c'eſt le fruit de ces petits danzers auxquels z'expose ma ſanté. Adieu, Tolombine. (*il lui touche le menton du bout du doigt*) Tu ês vraiment zolie! mais çarmante!...

* Petit miſérable, qu'on place auprès des Enfans des Grands, pour recevoir le fouët lorſque leur jeune Maître l'a mérité, &c.

(*bas*) Trifpin, tu feras mon Thême, ma Verfion; quant à ma leçon de Particules, ze crais que ze l'apprendrai.

CRISPIN, *à-part.*

Parce-qu'il eft obligé de la réciter lui même. Les excellentes difpofitions pour devenir un favori d'Isis, un jeune Sacrificateur à bonnes-fortunes!

IV SCÈNE.

CRISPIN *feul: (il entre dans un pavillon, à-côté du berceau.* Colombine *en fort, fesant un gefte de curiosité).*

PAUVRE Crifpin! il te faut de l'efprit pour deux; des mains... pour deux; des ... (*il montre fes feffes*) pour deux: En toute occasion, je fais pour deux. Exceptons pourtant quand il s'agit de recompenfes; alors monfieur Frivolet reçoit pour deux: mais le cas eft fi rare! que l'exception eft comme nulle. (*il difpose une table*) Madame Poupinot m'a pris, pour être l'ombre qui faffe fortir les traits de lumière (*avec emphâse*) du vâfte, du profond, du tranfcendant génie de monfieur Frivolet, (*avec volubilité*) ſon très-digne, très-fat, très-imbécille fils. (*il s'aſſiéd, eſſaie ſes plumes*) Elle me fait faire mes études, à moi, enfant de pauvres hères, riches autrefois, gueux à-présent comme Irus, pour avoir cru, disent-ils, que leurs richeſſes étaient inépuisables. (*il taille une plume*) Ils m'ont bien recommandé de profiter de l'occasion pour ſortir de la misère; d'amaſſer de la ſcience, de m'en faire un magasin, afin de percer un jour dans le monde, par un mérite réel: il aſſurent qu'il n'a jamais été ſi rare; que l'on ne voit que des Geais parés des plumes du Paon. (*il arrange ſon papier, & forme les marges par des plis*) Fort-bien! mais mon rôle n'eſt pas facile. Car, il me faut un double eſprit; un ſenſé, pour moi; un autre colifichet pour mon Maître: il faut que je faſſe mon propre Devoir d'une manière digne de Criſpin; & celui de mon jeune Précieux de façon qu'il ait une dose de ſotise aſſés forte, pour que le Régent ſoit perſuadé qu'il eſt de Frivolet. C'eſt-là le *hic!* Comment s'éloigner ſi fort de ſon caractère? je n'y

n'y réussis pas toujours... (*il tire un cayer de sa poche*). Voyons le Devoir d'aujourd'hui..... Le mien est une Fable d'*Avienus*; (c'est le Poète à la mode *), à traduire en vers Celtiques; *la Cigale & la Fourmi*: je le remets pour quand je serai en verve. (*il regarde autour de lui*; & Colombine *qui vient de paraître à l'entrée du pavillon, se retire après avoir écouté.*) Celui de Frivolet..... une Fable de Phèdre...... c'est... (*il lit emphâtiquement*) FORMICA ET MUSCA. Rendons-la dans le langage qu'on parle ici. Fesons bien... & mal; entremêlons des sotises, à des choses que Crispin découvert puisse avouer. Transposons d'abord ce titre; la Mouche doit plaire davantage à Frivolet: sur-tout grasséyons. *La Moûçe & la Fourmi.* (*il prononce quelques mots; il est censé lire tout-bas les autres*) *Musca... acriter... effet.* Tout va bien. *Musca...* Bon ceci! la Mouche commence...

* *Festus-Avienus*, Poète & Fabuliste Latin, contemporain de Théodose, auquel il adresse ses Fables, a composé *la Cigale & la Fourmi*, si bien traduite par notre *La-Fontaine.*

cœpit prior... laudibus... (il bredouille fort vite, & finit :) profectò retrudi superbiam..... Comment dire ces jolis vers en idiome petit-maître ? (*il rêve un moment*) « La Moûçe & la Fourmi disputaient avec çaleur, sur la précellence. La Moûçe ainsi tommença la » première : —Mais ! mais ! quelle impertinence, de te tomparer à moi ! » Dans les satrifices, ze fais l'essai de la » victime, & z'en dit mon goût au Dieu » avant qu'il l'assepte ; les autels & les » temples sont mes daleries ; le visaze » des Rois me sert de marçepied ; ze » fourraze à mon dré les appas des » Belles, & ze mets à-tontribution zusqu'aux plus réservées : ze ne ne fais » rien ; & ze me dorze des meilleures » çoses » : (Comme cette Mouche peint les inutiles Serviteurs de nos Temples !) » Eh bien ! vile tampagnarde, quels avantazes m'opposeras-tu » ?

Du Crispin à-présent !

« Je conviens, répond la Fourmi, » qu'il est glorieux de s'asseoir à la table » des Immortels ; mais lorsqu'on y est » invité. Tu parles du visage des Rois, » & des baisers dérobés aux Belles :

» mais l'hiver passé, ne t'ai-je pas » aperçue collée contre un mur, & » cherchant ta nourriture sur le fumier? » Tu fréquentes les Autels : mais on » t'en chasse, dès que ton maussade » bourdonnement te décèle : tu ne fais » rien ; & tu ne trouves rien dans la » nécessité : tu te vantes orgueilleuse-» ment de ce qui doit te couvrir de » honte. Pour moi, je travaille, je vis » durement : mais je me repose, lors-» que tu péris de misère. Raille-moi, » durant l'été ; j'aurai mon tour, quand » Borée soufflera : nous jouirons alors, » toi, des suites de ton oisiveté ; moi, » du fruit de mon travail. C'en est » assez, je crois, pour rabattre ton sot » orgueil. (Colombine *revient*).

» Cette Fable sert à faire connaître » deux sortes de personnes ; nos Petits-» maîtres qui se glorifient de leur inu-» tilité ; & le Citoyen utile, qui met » met sa gloire dans une vie laborieuse; (les Frivolets & les Crispins. Il faut se rendre justice....) Qui rit-là ?.... Ah ! c'est Colombine !... La masque m'aurait-elle écouté ? ... Voyons. ... (*il sort du pavillon.*)

V SCÈNE.

CRISPIN, COLOMBINE.

ÆH-BIEN, charmante Colombine?.... Ma foi, vous êtes la Gaîté même !....

COLOMBINE *riant aux larmes.*

Oh! monsieur Crispin... c'est... c'est...

CRISPIN.

Si l'on pouvait savoir... sans indiscrétion au-moins, gentille Colombine.

COLOMBINE.

Entendez, entendez !... Pierrot... il crie comme quatre. (*elle rit.*)

CRISPIN.

Ce pauvre diable! Eh! pourquoi?

COLOMBINE.

C'est qu'il a mangé les confitures que ma Maitresse gardait pour son Fils; je l'ai découvert par finesse, & je l'ai dit... Écoutez! écoutez! Ah, ah, ah! (*elle rit*).

CRISPIN *à-part.*

La bonne petite fille! (*haut*) Oui, c'est fort plaisant!...Mais que lui fait-on?

COLOMBINE.

On le menace des étrivières (*à-demi-voix*) & je crois qu'il les aura.

CRISPIN.

Alons-donc! l'on ne corrige personne ici... (*à-part*) Eh plût aux Dieux qu'ailleurs on fût auſſi pacifique !

COLOMBINE, *avec mignardise.*

Monſieur Criſpin, vous avez donc fait les êmes... les portions...

CRISPIN *à-part.*

Aye ! aye !

COLOMBINE *ſans s'arrêter.*

Aidez-moi donc à dire... ces choses pour monſieur Frivolet ? Voyons-donc comme ç'eſt tourné ?

CRISPIN *à part.*

Comment faire ? (*haut*) Volontiers. Notre ſavoir n'eſt rien, dit un Poète, s'il ne ſe trouve quelqu'un à qui le montrer.

COLOMBINE.

Vous parlez comme l'Oracle.

CRISPIN *à-part.*

Puiſſé-je te tromper comme lui ! (*haut*) Mon Maître & moi nous fesons chacun la moitié de l'ouvrage : j'ébauche ; il donne le poli... Voici l'eſſai...

COLOMBINE *apercevant les Fourmis.*

Ah mondieu ! ah ! ah ! ah ! (*elle s'enfuit*).

CRISPIN.

Quel vertigo !... Ces jeunes Fillettes ſont ſingulières, & quand on croit tenir.... Par-hercule ! que vois-je là ?... Serait-ce... Retirons-nous un peu. *il rentre.*

SECOND ACTE.

Le Théâtre change, & représente le verger de madame Poupinot : *on voit sur l'un des côtés, à l'entrée d'une coulisse, une petite monticule en forme de fourmillère.* ARLEQUIN *en sort, vétu d'un sac de toile noirâtre, deux longues antènes à son masque, ses bras disposés comme des serres ; il est suivi de quelques Enfans habillés de même.*

I SCÈNE.

CRISPIN *revenant, & surpris.*

O JUPITER ! quelles figures ! Quelle nation est-ce-là ? (*il les observe*).

ARLEQUIN *en* FOURMI, *fesant des poses.*

Travaillons, travaillons...... bientôt nous serons engourdies... (*les Fourmis travaillent en se grouillant*). Toi, boûche ce trou... toi, porte ce fétu, c'est une solive pour notre demeure... vous, détruisez, sciez ces branches d'herbe... Elles peuvent exciter l'appétit de quelques Grands du monde, & les attirer auprès de notre Fourmillère.

Une FOURMI.

Eh ! que deviendrions-nous, si l'un

de ces fardeaux de la terre, qu'on nomme Bœuf, Cheval ou Mouton, alaient appesantir leur vaste pied sur notre frêle édifice! ils nous écrâseraient par centaines! A qui se plaindre contre des Seigneurs si puissans!.... Ceux devant qui l'Univers tremble ont toujours raison. (Arlequin *& les Fourmis travaillent*).

CRISPIN *à-part.*

Je suis au fait... C'est une ancienne Fourmi du temps d'Ésope; de ces Fourmis qui parlent.... Ma foi je n'en avais pas encore vu!.... Comme elles raisonnent!... Si je les abordais!... Mais non; observons-les plutôt à l'écart.

ARLEQUIN *continue lentement.*

Le faible est toujours foulé... son ondulante multitude ne semble faite que pour amuser les Grands; ils l'oppriment, ils l'avilissent, la dévorent, & se font un jeu de sa destruction...

Une FOURMI.

Ils nous croient trop mesquins & trop viles pour sentir.

ARLEQUIN.

O Père de tout, du spacieux Éléphant, comme du Moucheron délicat, tel eſt ton ordre ſans-doute, & je m'y ſoumets..... Alons, voyons ſi tout eſt en bon état. (*il rentre dans la fourmillère, & ſort d'un autre côté*). Mes enfans, c'eſt aſſez : il me ſemble que le ſoleil baiſſe, l'air devient froid; rentrons.

II SCÈNE.

CRISPIN *ſeul.*

C'EST une Fourmi philoſophe ! mais elle eſt du bon vieux temps, où l'on craignait les Immortels... Prends garde, Criſpin ! ne va pas te laiſſer corrompre par l'exemple de ton jeune Coryphée ! la ſauve garde des mœurs, c'eſt la crainte des Dieux ; ſans elle..... Mais quelle autre eſpèce... Aujourd'hui les prodiges ... Il ſe prépare quelqu'évènement... Des Cigales !... Quelles ſont gentilles !

(*L'Orqueſtre imite le chant des Cigales.*)

III SCÈNE.

Une JEUNE-FILLE, *avec des aîles de gaze, dans la forme de celles des Cigales, ſuivie de ſes Compagnes, s'avance ſur la ſcène en chantant, ou prononçant, tandis que l'Orqueſtre joue l'air, qui doit être vif, volubile.*

LA

LA CIGALE, *à ses Compagnes qui lui font instance. Les rimes en ê sont imitatives.*

APRÈS?...	Progrès,
Mais, mais!	Succès,
Quel accès	Airs coquets,
De mélancolie!	Brillante saillie;
Angoisse,	Paresse,
Tristesse	Mollesse,
Et détresse,	Douce ivresse,
C'est pure folie.	Voila notre vie.

Les Cigales dansent, en exprimant par une Pantomime, toutes les mines les plus ridicules des Coquettes.

CRISPIN *à-l'écart.*

Vive la joie!... Si cette Troupe est philosophe, ma-foi, ce sont les Philosophes sans-soucis.

LA CIGALE *à ses Compagnes qui s'arrêtent & grelotent.*

Vous avez aujourd'hui l'air d'une maussaderie.... Alons! de la gaîté!

La 5. CIGALE.

Nous avons froid, & nous n'avons pas déjeûné.

LA CIGALE.

Nous en trouverons.

La 4. CIGALE.

Où-donc, s'il vous plaît?

La 3. CIGALE.

On nous le disait bien cet été, qu'il falait travailler, faire des provisions : une Abeille me l'a répété cent fois.

LA CIGALE.

Ne craignez rien, mes Enfans; j'ai des amis, ils nous prèteront.

Les CIGALES *ensemble.*

A-la-bonne-heure.

LA CIGALE.

Voyons néanmoins auparavant si nous ne trouverons rien : car il ne faut incomoder ses amis que le plus tard possible. [*A l'entrée de la coulisse, les Cigales marquent qu'elles ont froid; ce qu'elles expriment par une Danse dont le genre est absolument neuf*].

La 2. CIGALE *s'arrêtant & tremblant.*

Eh-mais !
L'air frais
Des marais....
Ma langue se lie.

La 5. CIGALE, *d'une voix sourde.*

Craignons,
Fuyons
Les glaçons....
Ze suis engourdie.

La 3. CIGALE, *d'une voix affaiblie.*

Souplesse,
Faiblesse
Et bassesse,
Voila notre vie.

LA CIGALE.

Hardiesse,
Adresse
Et finesse
M'ont toujours servie.

La 4. CIGALE.

Alons, Ses leçons,
Suivons Tout nous y convie.

(*Les Cigales ſortent, après avoir fait plusieurs évolutions*).

IV SCÈNE.

CRISPIN *ſeul.*

OUI-VA, compte ſur les amis pour moiſſonner ton champ, l'Alouette ne bougera pas!...... J'entrevois là-bas entre les arbres du jardin, madame Poupinot qui ſe promène avec ſa Nourrice & la rusée Colombine.... Lui ferai-je part de ce que je viens de voir?..... Ces femmes opulentes ſont douées d'une ſi forte dose d'impertinence envers les pauvres diables comme moi!... Taisons-nous: celle-ci, toute bonne qu'elle eſt, me traiterait de visionnaire, avec un *ce pauvre garſon!* là, d'un air ſi dédaigneux!.... Qu'elle les voye elle-même! Alons porter le devoir à Frivolet, & tâchons qu'il me le paye plus ſolidement qu'en chateries.....

(*L'on ne doit pas regarder ces Actes comme ceux d'une Comédie ordinaire; ils n'indiquent qu'un changement de ſite, & la Scène ne reſte vide qu'un inſtant.*

TROISIÈME ACTE.

[*Le Théâtre représente un Jardin : l'Avant-ſcène eſt un parterre compartimenté, dont les platebandes ſont garnies des fleurs de la ſaiſon*].

I SCÈNE.

Madame POUPINOT *arrive par l'allée du milieu, ſuivie d'une* Vieille, *ſa* Nourrice, *qui eſt voîlée ; elle s'avance lentement, apuyée ſur* COLOMBINE.

VOUS ne m'avez pas menti ?

COLOMBINE.

Oh ! non, Madame.

Madame POUPINOT.

Bien vrai ?

COLOMBINE.

Bien vrai, bien vrai, Madame.

Madame POUPINOT.

Le petit coquin !... Il voulait caſſer le vase !

COLOMBINE.

Mondieu oui, Madame.

Madame POUPINOT.

Je voudrais bien ſavoir auſſi qui mangea l'autre jour, dans la même ſoirée, le melon de Malthe, & la crême glacée que je gardais pour mon fils ?

COLOMBINE *rougit, & baiſſe la vue.*

Surement ce ſera Pierrot, Madame.

Madame POUPINOT.

Je veux qu'il ait les étrivières. Ne le mérite t-il pas bien, pour être ſi gourmand, ſi menteur?

COLOMBINE *avec une feinte ingénuité.*

Oh! oui, Madame.

Madame POUPINOT.

Alez, Colombine; je veux être ſeule poûr épier le moment de voir ces monſtres qui vous ont effrayée: les Dieux ne les envoient que pour épouvanter les méchans.

COLOMBINE, *regardant autour d'elle.*

Ma... Madame... je voudrais bien encore vous dire un mot.

Madame POUPINOT, *à-part.*

Ah la pauvre enfant! elle va s'accuser! Encourageons-la. (*haut*) Eh-bien, ma chère, que me voulez-vous? Parlez hardiment; je vous aime.

COLOMBINE.

Vous avez bien de la bonté, Madame. ... Il ne faudra pas que Monſieur le ſache au-moins; je ſerais perdue.

Madame POUPINOT (*la careſſant.*)

Non, il ne le ſaura pas, je te le promets : parle, ma fille.

COLOMBINE.

Criſpin.....

Madame POUPINOT.

Eh-bien, Criſpin?

COLOMBINE.

C'eſt, Madame, qu'il fait tous les jours ce qu'il appelle le Devoir de Monſieur. Ça fait que Monſieur n'apprend rien, à ce que dit Criſpin lui-même ; & vous voyez qu'il ne fait ça que pour qu'vous le gardiez plus longtemps.

Madame POUPINOT, *à-part.*

Je n'y étais pas vraiment! (*haut*) Il fait le Devoir de mon fils?

COLOMBINE.

Oui, Madame.

Madame POUPINOT, *rêvant.*

Comment le ſurprendre?

COLOMBINE.

Oh tenez! il vient de le faire tout-à-l'heure.

Madame POUPINOT *avec ſévérité.*

Je vais m'aſſurer de tout ce que vous me dites, Colombine : allez.

II SCÈNE.

Madame POUPINOT *demeure avec sa* NOURRICE : *elle se promène, & dit, en s'arrêtant souvent :*

L'AVIS m'intéresse... Mais je n'en vois pas moins que Colombine a tous les défauts de l'enfance... Si je les néglige... dans l'âge des passions, chacun de ces défauts se remplacera par un vice...

La NOURRICE *d'un ton nasillard.*

Eugne petite fille flaqueuse, gouyemande, rapporqueuse, menqueuse, est quu lle bord d'un péquipice.

Madame POUPINOT.

Oui, ma Bonne; lorsqu'elle devient grande, ces imperfections se fortifiant & changeant d'objet, la rendent... ce que je n'ôse me dire à moi-même... Les Dieux vont détourner ce malheur... O Minerve, divine fille de Jupiter, daignez m'envelopper de votre prudence !..... Jusqu'à présent, j'ai gâté mon fils......

La NOURRICE.

Oh que gnon ! oh que gnon !

Madame POUPINOT.

Pardonnez, pardonnez; mais... sa santé délicate me le fait destiner au sacerdoce de la grande Déeſſe des Parisiens... La vie douce des Miniſtres d'Isis lui convient...... (*L'Orqueſtre l'intérompt, pour jouer un lointain, imitatif du chant des Cigales : elle écoute, & marque de la joie : puis le dialogue continue*)...

La NOURRICE.

Quec ch'eſt qu'cha ? cha m'réjouit.

Madame POUPINOT.

Oui ! ma Bonne ?.......... Le cher Enfant ne pourrait ſupporter l'agitation où vivent les Gens-du-monde.... Mais je veux qu'il s'inſtruise... Il n'a de reſſource que l'état auquel je le deſtine... Son Père en mourant, vous le ſavez, ma chère Radegonde, aſſura tout à l'Aîné, Centurion dans les Armées Romaines.

La NOURRICE.

Pour chet Aîgné-là, gueux gue vos filles gnont équé réilléguées payemi les Pêqueſſes gue Végnus.

Madame POUPINOT.

J'ai choisi cet état pour elles; car il faut qu'au moins ces pauvres Recluses ayent la Règle la plus douce.

La NOURRICE.

Lleur zèle lles empoque; eilles ſe conquument, eilles ſe conquument.

Madame POUPINOT.

Je les pleure tous les jours........ Pour le petit Frivolet, heureusement ſon état eſt une profeſſion où l'on ſe conſerve.....

La NOURRICE.

Shans ſhe piver de yien ;... mais de yien du-tout : eun Bégnéfiche, guiu lloijir, des paquies, des ſhoquéquiés guiont yi feya les guéliches, couyu guès Beilles pllus qu'eun pllumet.......

Madame POUPINOT.

La perſpective eſt des plus heureuses ;... Mais j'entens.... Rentrez, ma Bonne... Ah ! Mercure, je vois que vous ne m'avez pas oubliée.

Les CIGALES *derrière une toile, qui cache le verger, crient d'une voix grêle & chevrotante, que l'Orqueſtre accompagne. Elles s'avancent ſur la Scène en figurant, lorſque cette toile eſt levée.*

III SCÈNE.

La 2 CIGALE.

BEAUX jours,
Trop courts,
Des Amours
Vous m'avez quittées.

La 3 CIGALE.

Faveur,
Çaleur,
Belle-humeur,
M'ont abandonnée.

La 4 CIGALE.

Rigueur, Crève-cœur!
Fraideur, Ah ze ſuis gelée!

La 5 CIGALE.

Pas brin, Dans la faim!
De pain, Ze ſuis deſolée!

La 6 CIGALE.

Alans, O Paſſans,
Venans, Une pauvre bouçée.

Une FOURMI, *en ſentinelle, d'un ton raugue, & ſans voir les Cigales.*

Oui!... qui travaille, mange:
Mais quant à ces oiſeux,
Qui ſans grenier ni grange,
Aux frais des faſtueux
Coulent des jours gracieux,
Leur chute eſt dans la fange.
Jeunes, ils ſont heureux;
Eſt-ce donc choſe étrange,
Lorſque devenus vieux,
Le Deſtin qui ſe venge,
Les met au rang des gueux?
Quoi! le bien ſans mélange
Serait-il fait pour eux,
Quand le plus vertueux
Sous le malheur ſe range
Pour ſatisfaire aux Dieux?
Tremblez, Mortels joyeux!
Le rire en pleurs ſe change,
Le beau temps en pluvieux;
Et la ſaiſon des jeux,
Com' la tône en vidange,
A le fond nébuleux.

Ces vers sont une traduction libre de l'exorde de la-Cigale-& la-Fourmi *de Festus-Avienus.*

La 2 Cigale.

Pitié ! Çarité !
Bonté ! Ze suis refusée !

M.e Poupinot *qui s'est tenue à l'écart.*

Ces pauvres Cigales ! leurs cris me percent l'âme... Mais il faut laisser accomplir les decrets des Dieux... Je ne veux pas répondre durement, comme cette Fourmi; je m'en-vais: la vue des Infortunés me rend plus à plaindre qu'eux.

IV Scène.

Les Cigales *s'avancent tristement, à pas mesurés.* Arlequin *met la tête hors de sa fourmillère, du côté opposé.*

Ma Sentinelle vient de m'éveiller: mes oreilles à moi-même ont été frappée de cris perçans... Qu'est ce ?... Je n'entens rien... Rentrons dans notre fort.

La Cigale, *d'un ton philosophique.*

Sous cette vile çaumière, il est des Êtres qui vézètent: Dans la belle saison ils supportent le poids de la çaleur, ils traînent de pesans fardeaux.

La 4 Cigale.

Mais l'hiver, ils sont en sureté; ni les Autans ni Borée ne les incomodent.

La 2 CIGALE.

Oui ; mais touzours travailler ! eſt-ce donc ezifter que de vivre ainſi ?

LA CIGALE.

Eſſayons d'obtenir qu'on nous mette à couvert durant le mauvais-temps.

La 4 CIGALE, *en ſautant.*

L'été ramènera la zoie & les plaisirs.

La 3 CIGALE *avec effroi.*

Mes amies ! mes compagnes ! écoutez ! entendez !... Z'aperçois un gros Moineau. Ces meſſieurs, vous le ſavez, ſont très-friands de Cigales : caçons-nous.

Les Cigales rentrent en ſe précipitant.

Toutes enſemble.

Souffrir,
Et fuir,
Zémir
C'eſt notre partaze.

LA CIGALE *avec desolation.*

Zupin,
Au deſtin
Met fin
Cruel qui m'outraze !

V SCÈNE.

UN ENFANT, *vétu d'une étofe imitant la couleur du* Moineau, *& garnie de plumes, portant des aîles, avec un maſque ayant un bec, &c.*

L'Orqueſtre imite le cri du Moineau.

Z'ENTENS
Leurs çants,
Glapiſſans
Et tout leur bavardaze;

Sans voir	Écoutons !
Où çoir	Sans perdre couraze !
Pour avoir	Paix-là ! *à l'Or*
Ce zibier ſauvaze !	Oui-da, *queſtre*
Voyons !	C'eſt par-là....
Çerçons !	Ze vais faire raze.

Krr krr krr krr krr krr krr krrrr.

ARLEQUIN *montre la tête.*

Quel inſuportable caquet ! quel bruit! ... Ah bons Dieux ! c'eſt le ſeigneur Moineau ! Je ne m'étonne plus ! un Petit-maître, en babil, vaut ſeul vingt Femelles. Rentrons : quoique je ne ſois guères du gibier pour ces meſſieurs-là, un coup de bec eſt bientôt donné.

MOINEAU *l'aperçoit.*

Hê hè hé ! Hè hê hê ! Krrrrr.

ARLEQUIN.

Il m'a vue ; il m'appelle : attendons.

MOINEAU.

Ah ! c'eſt toi !	ARLEQUIN. Quoi ?
Sur ta foi	MOINEAU. Si tu voî..........
Dis le moi ?	A. Hé quoi ? M. La Cigale.

ARLEQ. *dans ſon trou, le contrefesant.*

Oh ! monſieur !	De chés moi :
En honneur	C'eſt qu'on voî...
Mon humeur.	MOIN. Quoi ?
Eſt un peu brutale ;	ARLEQ. So, ſo', ſoi.
Et la loi	Adieu ; je détale.

MOINEAU *avec dédain.*

Laideur,
Aigreur,
Airs d'hauteur
Seront l'appanaze
Acquî
De quî
Est muni
D'un pareil vizaze......
Mais quoi!
Ze voî....
Quel effroi!
Un homme!..une caze!..

VI SCÈNE.

Frivolet *paraît dans l'enfonçement avec une petite cage, &* Moineau *s'enfuit en étendant les aîles.*

ARLEQUIN.

COMME tout va dans le monde! la Cigale fuit devant Moineau; Moineau devant l'Homme; l'Homme qui n'a plus de supérieur sur ce globe, s'épouvante lui-même, & tremble devant son égal!

VII SCÈNE.

FRIVOLET *arrivant avec une cage, après avoir poursuivi* Moineau.

HÉE! Trispin, Colombine, Pierrot!

Tous trois *accourant.*

Monsieur! Monsieur! Monsieu!

FRIVOLET.

Parbleu! depuis un drand tart-d'heure, z'épie un Moineau, dros... tomme toi (*montrant* Pierrot) mais dont l'air est moins bête, qui çantait comme le Rossignol. Z'ai touru prendre une taze : je viens entore de le voir là, là. Si vous aviez été moins lents, ze le tenais.

COLOMBINE.

Nous l'aurions entouré !

FRIVOLET.

Il ne peut voler ; il est trop bien nourri.

CRISPIN *sans regarder les Acteurs.*

C'est comme l'Intendant de madame Poupinot ; *il s'est* tant engraissé, qu'il ne vole plus, dit-on.

FRIVOLET, *sans l'écouter.*

Oh quel plaisir ! (*il saute de joie*)... Colombine, ç'aurait été pour toi. Nous l'aurions mis.... (*il montre la cage qu'il a posée derrière* Colombine) Zamais il n'y aurait tenu.... Mais à-propos, Tolombine, tu en as une ?

COLOMBINE *ingénûment.*

Mais, s'il est si gros... A-peine un Serin se trouve à l'aise dans celle que j'ai.

FRIVOLET.

En ce tas, nous aurions pris la drande, drande taze à perroquet de ma Mère.

CRISPIN.

Châteaux en Espagne que tout cela !

vous ne tenez pas l'oiscau, qu'est il besoin de disserter sur la grandeur de la cage?

PIERROT.

Vla qu'est ben dit ça!

CRISPIN.

Vous ressemblez à ces Chasseurs, qui vendirent la peau de l'Ours, avant de l'avoir mis par terre.

PIERROT.

Vla qu'est ben dit!

CRISPIN.

Mademoiselle Colombine, monsieur Pierrot, nous avons besoin d'un moment de tranquillité pour faire nos devoirs; laissez-nous.

COLOMBINE *à-part.*

C'est bon! je vais avertir ma Maitresse.

[Frivolet & Crispin *entrent dans un pavillon du jardin, qui se referme*].

QUATRIÈME ACTE.

Une toile cache le verger; & le pavillon avancé dans lequel les deux Acteurs viennent d'entrer, s'ouvre pour les laisser voir, assis devant une table.

I SCÈNE.

[*Durant les deux premières Scènes, il y*

a un à-parte *de madame* Poupinot, & *deux dialogues*, Crispin & Frivolet *dans le pavillon*, Colombine & Pierrot *qui travaillent au jardin*, *mais qui ne parlent haut qu'à la seconde Scène.*

FRIVOLET.

TE voila drâve tomme un Rézent, Trispin ?

CRISPIN, *avec morgue.*

Lorsqu'on est, comme moi, surchargé d'affaires.....

FRIVOLET.

Z'entens... Tomme trouves-tu mes matarons, mes pistaçes ?... Voyons ? as-tu-là ma Version ?

CRISPIN.

La voici. (*ils s'assiéent.* Me Poupinot *arrive avec* Radegonde & Colombine, *à la porte du pavillon; la dernière va rejoindre* Pierrot, *qui paraît bêcher à l'entrée d'une coulisse ; elle prend un râteau, & de temps-en-temps elle frappe comme par mégarde sur le dos de* Pierrot, *qui ne répond d'abord qu'en grimaçant. Lorsqu'il ne voit plus madame* Poupinot, *il cesse de travailler*, & Colombine *s'amuse à le lutiner.*

La NOURRICE.

Vous aillez veoir que ch'eſt des menchonges, & qu'i gna q' faire deQuiſpin. Je ll'ai éillevé; ill a de ll'eſpit.

Madame POUPINOT.

Laiſſez-moi, ma Bonne. (*à-part*) Ah fripons, nous alons voir. (*très-bas*) Couvrons nous de l'Égide, prenons le Caducée, & mettons-nous au milieu d'eux. (*elle devient invisible pour les Enfans.*)

FRIVOLET *qui vient de l'entendre.*

Hem? (*il parcourt le Devoir.*)

CRISPIN.

Perſonne.

FRIVOLET.

Lis-moi ça, Triſpin.... Non, ze veux lire moi-même. (*il lit*) « La Mouçe & » la Fourmi ». Bon! « La Moûçe & la » Fourmi diſputaient avec çaleur »...... Ah! mons Triſpin, que votre çaleur eſt fraide! Pourquoi n'avoir pas traduit en vers?

Madame POUPINOT *invisible.*

Mais il a raison!

CRISPIN *prêtant l'oreille.*

Votre Devoir en vers? (*à-part*) On me corne aux oreilles!

FRIVOLET.

Mais oui, en vers. Z'aurais fait par-là ma tour à mon Ontle le Druide, qui peut-être un zour me resinera sa forêt: ç'est un riçe Druidat; nous y mènerions une vie.....

CRISPIN.

C'est penser mûrement. Mais morbleu! Monsieur, les vers ne se jètent pas en moûle; & cette maudite rime...

FRIVOLET.

Ne te façe pas, mon çer, ze veux te montrer tomme z'aurais fait.

Madame POUPINOT.

Ah! voyons si mon fils... [*tendre.*

CRISPIN *chasse l'insecte qu'il croit en-*

Alons! qui vous arrête? Voulez-vous que je vous sêlle Pégase?

FRIVOLET.

Il faut rêver; des vers ne viennent pas tomme ta prose maussade...[*tandis qu'il rêve*, Crispin *se lève, & regarde en face, sans la voir, madame* Poupinot, *apuyée sur la chaise de* Frivolet, *un mouchoir à la main:* Crispin *le prend, se mouche, & le remet dans les mains de sa Maitresse*]. Enfin m'y voici. Approçe.

Durant cette Fable, Arlequin *met la tête à son trou, & donne différens signes de satisfaction.*

LA Mouçe & la Fourmi contestaient de leur prix.
O Zupiter, dit la première,
faut-il que l'amour propre-aveugle les esprits
d'une si terrible manière,
qu'un vil & rampant Animal
à la Fille de l'Air ôse se dire égal ?
Ze hante les Palais, je m'assiéds à ta table :
si l'on t'immole un bœuf, z'en goûte devant toi,
pendant que celle-ci çetive, & misérable
vit trois jours d'un fêtu qu'elle a traîné chez soi.
Mais, ma Mignone, dites-moi,
vous campez-vous zamais sur la tête d'un Roi,
d'un Empereur, ou d'une Belle ?
Ze le fais,& ze baise un beau sein quand ze veux;
ze me zoue entre des çeveux;
ze rehausse d'un teint la blançeur naturelle;
& la dernière main que met à sa beauté
une Femme allant en conquête,
c'est un azustement des Mouçes emprunté.
Puis allez-moi rompre la tête.
De vos greniers.

CRISPIN, *dans un feint enthousiasme.*

Attendez : ma Muse me saisit : je suis en verve : je vais achever.

--Avez-vous dit ?
lui repliqua la Ménagère.
Vous hantez les Palais ; mais on vous y maudit :
& quant à goûter la première
de ce qu'on sert devant les Dieux,
croyez-vous qu'il en vaille mieux ?

Si vous entrez par-tout, auſſi font les profanes.
Sur la tête des Rois & ſur celle des Anes
vous allez vous planter, je n'en diſconviens pas,
& je ſai que d'un prompt trépas
cette importunité bien ſouvent eſt punie.
Certain ajuſtement, dites-vous, rend jolie.
J'en conviens: il eſt noir, ainſi que vous & moi;
je veux qu'il ait nom Mouche, eſt-ce un ſujet pourquoi
Vous faſſiez ſonner vos mérites;
Nomme-t-on pas auſſi Mouches les Paraſites?
Ceſſez donc de tenir un langage ſi vain;
n'ayez plus ces hautes penſées:
les Mouches de Cour ſont chaſſées:
les Mouchars ſont pendus, & vous mourrez de faim,
de froid, de langueur, de misère,
quand Phœbus règnera ſur un autre hémiſphère.
Alors je jouirai du fruit de mes travaux:
je n'irai par monts, ni par vaux,
m'expoſer au vent, à la pluie:
je vivrai ſans mélancolie;
Le ſoin que j'aurai pris, de ſoin m'exemptera:
je vous enſeignerai par-là,
ce que c'eſt qu'une fauſſe ou véritable gloire.
Adieu; je perds le tems: laiſſez-moi travailler.
Ni mon grenier, ni mon armoire
ne ſe remplit à babiller.

Madame POUPINOT (*avec tranſport*).
Ces pauvres Enfans! .. Mon cher fils! Apollon ſans-doute le favoriſe... Que ne puis-je l'embraſſer!

FRIVOLET.

M'embrasser !... Il n'est pas nécessaire !

CRISPIN.

Moi !... Vous voyez que nos talens sont égaux... Combien vos vers vous ont-ils coûté ?

FRIVOLET.

Mondieu! presque rien, tomme tu vois. Et les tiens ?

CRISPIN.

Moins encore. Comment-donc votre mémoire est presqu'aussi bonne que la mienne ! vous récitez, sans broncher, même avec les fautes de Copiste !

FRIVOLET *feignant l'étonnement.*

Quoi ! ces vers !... En-vérité, d'honneur, z'ai tru les tomposer ! Ze ne fesais donc que m'en ressouvenir ? C'est plaisant ! ah ah ah ! (*il rit.*)

Madame POUPINOT.

J'en rabats.

CRISPIN.

Je ne sais ce que j'entens ?

FRIVOLET..

Ç'est... un... écho....... Mais admire donc tomme ze m'identifie aux drands hommes !

CRISPIN.

J'entendis l'autre jour que l'on disait

chés Madame, que les trois-quarts des Auteurs d'à-présent devaient, comme nous, plus à leur Mémoire qu'à leur Imagination : ils croient inventer, & ne font que se ressouvenir.....

II SCÈNE.

PIERROT, COLOMBINE.

le premier intérompt Crispin, *en s'écriant:*

Moi j'veux écouter, là. (Colombine *lui donne un souflet*). Hum, hum. Voyez-donc la mauvaise, la rapporteuse!

COLOMBINE.

C'est toi.

PIERROT.

C'ê aussi toi da.

COLOMBINE.

Dis quelque chose.

PIERROT.

Eh-ben, n'on suit vot'exemple, là.

CRISPIN *montrant* Colomb. & Pierrot.

Tenez, tenez, voila notre écho.

FRIVOLET *avec importance.*

Mais qu'est-ce donc que z'entens?

COLOMBINE.

C'est monsieur Pierrot, qui rapporte.

FRIVOLET.

Ce maraud-là! mais, mais qu'il s'en

avise!... qu'il essaye!... Ne trains rien, Tolombine; s'il dit un mot, ze me çarze de lui faire donner les étrivières. (*il pousse* Pierrot *par les épaules*) Ote-nous d'ici cette plate fidure.

PIERROT.

Hum, hum....Oh! je ne rapporterai pas!

FRIVOLET.

Il raisonne!...Trispin, çasse-moi ce drô-le là. (*il fait l'agréable auprès de* Colombine, *qui minaude en se défendant*).

CRISPIN *tirant son épée avec une feinte colère.* Je te chasse.

PIERROT *à genoux.*

Hum! monsieur Crispin, ayez piquié...

CRISPIN.

Eh, malheureux, va-t-en: je te chasse, & ne te tue pas.

III SCÈNE.

Madame POUPINOT *toujours invisible.* FRIVOLET, CRISPIN, COLOMBINE.

AH-ÇA, mes amis, fesons une ligue: Maman est bonne; ze la mène, entre nous: il s'azit d'obtenir la permission de nous dispenser d'aller au Colléze d'Isis pour huit zours: Le Protonsul marie son fils; l'on va donner des fêtes, & ze voudrais

voudrais les voir en toute liberté : mais il faut une cltuse auprès de nos mauſſades Pédagogues. Qu'imazines-tu, Triſpin ?

CRISPIN.

Mais... prier madame votre Mère...

FRIVOLET *impatiemment.*

Et Tolombine ?

COLOMBINE.

Je crois... qu'il faudrait lui en imposer à elle-même.

FRIVOLET *lui mettant la main ſous le menton.* Voila ce qui s'appelle parler. Ze ferai le malade ; & ma Mère.... Un fils tomme moi, malade, obtient tout : ma Mère ira demander drâce pour quelques zours de tonvaleſcence, dont nous profiterons. Mais voici le fin : l'on va ſurement me réduire à la diète la plus ridoureuse ; ç'eſt la ſelle à tout çevaux de ces malheureux Médecins ; çe ne ſerait pas mon tompte, vous tonnaiſſez mon appétit, & z'ai d'ailleurs besoin de toutes mes forçes pour me divertir. Tolombine ma çarmante, & toi, mon féal Triſpin, vous ſuppléerez au rézime.

CRISPIN.

Fort-bien. Mais, monſieur, vous avez une Mère si tendre, si bonne! En-vérité... La petite tricherie n'est rien; mais la peine que vous lui causerez...

FRIVOLET.

Mons Trispin, tand ze propose, ze n'entens pas tonsulter. La zoie d'un rétablissement inattendu la dédomazera suffisamment.

COLOMBINE.

Monsieur a très raison. (*bas à* Frivolet) ce monsieur Crispin veut se donner des airs de prudhommie....

[*Durant les trois couplets suivans*, Frivolet *se promène d'un air abbatu, en feignant une douleur de tête*].

Madame POUPINOT.

Parens! parens! gâtez-les!... Comment faire? si vous les menez-mal, ils vous haïssent, & vous abandonnent dès qu'ils sont grands; si vous les chérissez, vous faites des ingrats. O Jupiter!

COLOMBINE *avec frayeur*.

Mondieu! j'entens Madame!

CRISPIN *à-part*.

Pour-le-coup ce n'est pas Pierrot!

FRIVOLET *avec accâblement*.

Serais-ze déza puni de ma méçanceté! .. Ze n'en puis plus... (*il s'assied*).

CRISPIN *s'empressant à le secourir.*

Monsieur !... mon cher Maître !... Colombine ! un flacon... du secours... appelez, appelez-donc !

COLOMBINE.

Pierrot ! Pierrot !

IV SCÈNE.

Les mêmes. PIERROT *arrive lourdement, & fait presque tomber* Colombine.

EH-BEN ! quoi que c'est ?

COLOMBINE.

Le brutal ! le lourdaut ! il l'a fait exprès.

PIERROT.

C'est pas vrai da ; c'est que je dormais. Quoi que c'est que vous voulez ?

FRIVOLET *fesant signe de la main.*

Va-t-en. (Crispin *le pousse dehors*).

PIERROT.

C'était ben la peine de m'éveiller ! hum, hum ! (*à-part*) Je croi qu'i croyons que j'dormais !

Madame POUPINOT *effrayée.*

Mais s'il se trouvait mal ! Mondieu !..

FRIVOLET *se levant, & riant d'un air précieux.* Oui, mal !... mais très-mal ! Eh, eh, eh !... En-vérité, ze t'en impose, à toi, Trispin, à toi ? ah ah ah !

Madame POUPINOT.

Le scélérat !

CRISPIN *à-part.*

Cet écho... me chifone. (*haut*) Ma foi! j'y suis pris. Excellent comédien, monsieur, excellent! nous ne sommes que des bûches auprès de vous.

COLOMBINE.

C'est à merveille ! Madame y serait trompée, fût-elle notre complot.

Madame POUPINOT.

Va, Perronelle, nous verrons qui sera trompée de nous-deux. (*elle s'éloigne*).

COLOMBINE.

Mais c'est ma Maitresse que j'entens, &c.

V SCÈNE.

Les mêmes. PIERROT *accourant, & s'écriant du ton de la frayeur.*

AH ! ah ! sauvez-moi ! cachez-moi !..... Ne les voyez-vous pas ?... Monsieu Crispin, vot' grande épée ! tirez vot' grande épée, monsieu Crispin !... Les voici ! les voila !... ah ! ah ! ah ! (*il s'écrie*).

FRIVOLET.

Le faquin !

PIERROT, *avec frayeur.*

Ah ! ah ! ah ! voyez ! voyez !... eune bête !

FRIVOLET.

Je ne vois que toi.... (Arlequin *passe la tête par un trou qui est tout au haut de sa fourmillère, sans regarder les Acteurs*).

CRISPIN.

Ah parbleu, je vois ce que c'est!... Colombine, c'est ma Fourmi de tantôt.

FRIVOLET.

Une Fourmi!... une Fourmi fait peur à ce Maraud?

CRISPIN.

Oh! c'est la Reine des Fourmis, celle-là. Elle me vient jusqu'au menton.

COLOMBINE, *sans regarder.*

Ciel! ah qu'elle me fait peur! monsieur Crispin!... elle vient!

FRIVOLET.

Ne serait-ce pas une Fourmi du même Pays que mon Moineau?

CRISPIN.

Ne badinons pas, Monsieur: c'est un prodige tout-au-moins.

FRIVOLET, *ricanant.*

Tu crois aux xprodizes! ah! ah! ah!

ARLEQUIN, *d'un ton lent & grâve, & sans regarder les Acteurs.*

Ces Créatures, qui marquent tant

de malice & de ſotise; qui disent quelques bonnes choses noyées dans tant de fadaises, je gagerais, ſans les avoir vues, que ce ſont des hommes. O Roi des Animaux, dont les mains débiles déchirent le lion, & mènent en lêſſe l'éléphant, que tu ês laid en deshabillé !

COLOMBINE & PIERROT.

Miséricorde ! elle parle !

CRISPIN *à* Frivolet, *qui s'effraie.*

L'entendez-vous, Monſieur ? Elle raisonne mieux que moi, & preſqu'auſſi-bien que vous.

FRIVOLET *timidement.*

Ç'eſt beaucoup dire... Çependant, ze crais que z'en aurai peur... (*en s'éloignant*) Où eſt-elle ?

CRISPIN *montrant la fourmillère.*

Là. (Arlequin *ſe retire*).

PIERR. *du ton de la groſſière bonhomie.*

I gn'i a pu rien !

FRIVOLET *regardant avec une lorgnète, qu'il promène ſur les Spectatrices, aprés avoir dit ſon couplet.*

Plus rien? (*ces deux mots du ton raſſuré.*

CRISPIN.

Non: mais je vous avouerai que ces

apparutions extraordinaires me donnent de l'inquiétude.

COLOMBINE.

Et moi, monsieur Crispin, j'ai rêvé la nuit dernière, que le petit chien de Madame parlait, & qu'il avait dit tout ce que j'avais fait.

FRIVOLET *pliant les épaules.*

Z'aime qu'une jolie Femme ait la tonsçiençe tendre; nous trouvons notre profit à la talmer : mais Trispin !...

CRISPIN.

Vous trembliez tout-à-l'heure.

FRIVOLET.

Moi ? ze suis au desespoir de ne l'avoir pas vue. (*à Pierrot*) C'est çe maraud, avec sa sote frayeur...

PIERROT.

Mais dame, je l'ai ben vu moi, pendant que j'étais-là, que je rêvais que je dormais : (*alongeant ses mots*) J'ai vu, eune, vilaine, tête, noire : & ça remuait, & j'ai cru que tout ce tas-là, ça ne faisait qu'eune bête, & que ça alait marcher.

FRIVOLET.

Va-t-en, imbécille... Mais tu rêvais, disais-tu ?...

PIERROT.

Je rêvais... que je vous écoutais.

FRIVOLET.

Que tu nous écoutias? Et par quel motif?

PIERROT.

Pour entendre, & pour rapporter. Mam'selle Colombine rapporte; alle est vot' bonne amie: moi je ne rapporte pas, & vous me pormettez les étrivières; i faut donc que j' rapporte.

CRISPIN.

Mon pauvre Pierrot, cela ne va pas à tout le monde: le Chien donne la pate; il est caressé: l'Ane un jour voulut en faire autant; il reçut des coups de bâton. Que ne lis-tu la Fable? elle proportionne les leçons aux génies les plus bornés.

FRIVOLET.

Mais aurais-tu par hasard entendu ce que nous disions?

PIERROT.

Oh! non, pas un brin. (*à-part*) Il faut aussi mentir comme mam'selle Colombine.

FRIVOLET.

Tien, voila pour t'apprendre. (*il lui donne un soufflet*).

PIERROT.

Aye, aye, aye!

Madame POUPINOT.

Il bat ses gens ! il riait tantôt des cris de cet Enfant, que l'on intimidait par mon ordre... O mères ! ô mères !...

VI SCÈNE.

Tous les Personnages *presqu'en même-temps ; mais laissant un intervalle presqu'imperceptible entre leurs couplets, pour être entendus.* Crispin & Pierrot *sont du côté de M.e* Poupinot.

2. FRIVOLET.

ENVÉRITÉ, Tolombine, & ze te l'ai déza dit, ze te trouve çarmante. Nous autres, destinés au tulte des Dieux, nous avons de meilleurs yeux que les profanes Mortels, pour zuzer de la beauté de leurs çefs d'œuvres; il semble même que nous ayions une dispense d'âze. (*il touche du doigt le menton de* Colombine) Ce fiçu caçe des trésors.....

3. COLOMBINE *simplem.t*

Oh mondieu! rien dû tout, *Monsieur.*

1. CRISPIN.

ENCORE ce maudit écho! (*à Pierrot*) Tu te l'ès attiré. Quelle diable de sotise est la tienne, mon pauvre garson !

(Pierrot *écoute, & ne répond pas.*)

4. M.me POUPINOT, *après que son fils &* Colomb. *ont parlé.*

Je ne lui croyais pas ce défaut! O ciel! forme-t-on ainsi les Enfans aux piéds des autels !

6. PIER. *avec frayeur.*

Monsieur Crispin, j'entens queuque chose !

5. FRIVOLET.
Vous ne m'entendez pas, & ze vais vous l'expliquer.....

COLOMBINE *pouſſant un cri aigu, en-même-temps que* Pierrot.
Ah!

7. CRISPIN.
Surement ce n'eſt pas ce que je t'ai dit. (*à-p.*) Ouais! toujours cet echo!

PIERROT.
Non, monſieur Criſpin; c'eſt par-là... (*avec Colomb.*) Ah! je ſus mort!

[Pierrot & Colombine *ſe jètent par terre.* Frivolet *tremble derrière* Criſpin.

VII SCÈNE.

La ſcène repreſente le verger.

Les mêmes. Les Cigales, les Fourmis. *Les* Cigales *ſont pourſuivies par* Moineaü.

LA CIGALE.

Dieux De ces lieux
Heureux Prenez ma défenſe!

La 4 CIGALE.

Sauvez, Préſervez
Dardez, La pure innocence!

[Arlequin *ouvre une des entrées de ſa fourmillère, & les* Cigales *s'y précipitent.*]

CRISPIN.

Bondieu! quel égrillard de Moineau!

ARLEQUIN *paraît.* (*à* Moineau.)

Je donne un azile à ces Infortunées. Et vous, Seigneur Moineau, ne dédaignez pas mon humble prière. Vous ſavez l'Hiſtoire. L'Aigle mépriſa la requête de l'Eſcarbot ; elle en fut punie juſques dans les bras de Jupiter. Ces grands exemples, Seigneur, ſont écrits pour notre inſtruction.

MOINEAU.

Eh-bien, Me retient ;
Çe lien Z'accorde leur drâçe.

ARLEQUIN.

Quittez ce jargon, Seigneur Moineau ; parlons, je vous prie, le langage de la raiſon. Nous devons aujourd'hui donner aux hommes des exemples de toutes les vertus ; c'eſt l'ordre des Dieux apporté par Mercure : ne mangez plus de Cigales ; moi, je deviens hoſpitalière & prêteuse. Cependant, le Deſtin ordonne que nos défauts même ſervent à l'inſtruction des hommes : vous avez donné la chaſſe aux Cigales ; moi, je vais feindre de leur refuser un-peu de nourriture, & l'abri. Éloignez-vous. (Moineau *rentre*).

FRIVOLET *tremblant.*

Ne pourrais-ze pas m'éçaper, Triſpin?

VIII SCÈNE.

[*Les* Enfans *ſe tiennent à l'écart durant*

cette scène. Colombine & Pierrot *s'enhardissent peu-à-peu.*

ARLEQUIN, les CIGALES.

HOLA! commère Cigale.

LA CIGALE.

Ma bonne amie Fourmi, que de drâçes.....

ARLEQUIN.

Cessez de m'en rendre.... Le danger est passé; retirez-vous où vous pourrez.

LA CIGALE.

Quoi! ma Commère, vous m'abandonnez?

ARLEQUIN.

Chacun pour soi: il y a mille ans, comme aujourd'hui, c'est la loi.

LA CIGALE.

Hélas! faut-il donc mourir de misère?

ARLEQUIN.

Mais, que ne fesiez-vous comme l'Abeille, comme moi (car on peut se citer); que n'amassiez-vous durant la belle saison?

LA CIGALE.

Ah! ma Commère, ma Mère ne m'a pas appris le ménaze: elle ne fesait rien; ze n'ai rien fait: l'oisiveté, les plaisirs remplissaient tout son temps; ils ont rempli le mien. Auzourd'hui, ze le vois trop tard, il faut mourir. Hélas! le monde était çaritable autrefois, & mesdames les Fourmis.....

ARLEQUIN.

Les Fourmis d'autrefois n'étaient pas hospitalières: Écoutez un trait de nos Fastes.

CRISPIN.

Les Fourmis, des Fastes! Et le mot, & la chose se glissent donc par-tout!

ARLEQUIN.

La Cigale ayant chanté
tout l'été,
se trouva fort dépourvue,
quand la Bise fut venue.
Pas un seul petit morceau
de mouche ou de vermisseau.
Elle alla crier famine
chez la Fourmi sa voisine;
la priant de lui prêter
quelque grain pour subsister
jusqu'à la Saison nouvelle.
--Je vous payerai, lui dit-elle,
avant l'Août, foi d'Animal,
intérêt & principal--.
La Fourmi n'est pas prêteuse,
c'est-là son moindre défaut.
--Que fesiez-vous au temps chaud,
dit-elle à cette Emprunteuse?

--Nuit & jour à tous venant
je chantais, ne vous déplaise ;
--Vous chantiez ? j'en ſuis fort aise ;
eh-bien, danſez maintenant.

Mais un habile Écrivain, inſpiré par Minerve, vient de reprocher cette dureté à notre eſpèce : je veux la reconcilier avec lui.

CRISPIN.

Comment tudieu ! cette Fourmi ſait nos Fabuliſtes & nos Auteurs ſur le bout de la pate !

LA CIGALE.

Ah ! faites-nous drâçe ! ſi nous éçappons de celle-ci, vous verrez comme nous emploierons notre temps.

LA FOURMI.

Que ne puis-je vous croire ! Écoutez cependant (car les Fourmis ſont grandes conteuses en hiver) écoutez ce nouveau trait ; il eſt tiré de l'Hiſtoire des Chates illuſtres.

UN Homme chériſſait éperdument ſa Chate ;
il la trouvait mignone, & belle, & délicate,
qui miaulait d'un ton fort doux :
il était plus fou que les foux.
Cet homme donc par prières, par larmes,
par ſortiléges & par charmes,
fait tant qu'il obtient du Deſtin,
que ſa Chate en un beau matin

devient Femme ; & le matin même,
maître Sot en fait sa moitié.
Le voila fou d'amour extrême,
de fou qu'il était d'amitié.
Jamais la Dame la plus belle
ne charma tant son Favori,
que fait cette Épouse nouvelle
son hypocondre de Mari.
Il l'amadoue, elle le flatte ;
il n'y trouve plus rien de Chate ;
& poussant l'erreur jusqu'au bout,
la croit Femme en tout & par-tout :
lorsquequelquesSourisqui rongeaient dela nate,
troublèrent le plaisir des nouveaux Mariés.
Aussi-tôt la Femme est sur piés ;
elle manqua son avanture.
Souris de revenir, Femme d'être en posture.
Pour cette fois elle accourut à point ;
Car ayant changé de figure,
les Souris ne la craignent point :
Celui fut toujours une amorce,
tant le naturel a de force.
Il se moque de tout ; certain âge accompli,
le vase est imbibé, l'étoffe a pris son pli :
en vain de son train ordinaire
on le veut desacoutumer ;
quelque chose qu'on puisse faire,
on ne saurait le reformer :
coups de fourche, ni d'étrivières
ne lui font changer de manières ;
& fussiez-vous embâtonnés,
jamais vous n'en serez les Maîtres ;
qu'on lui ferme la porte au nés,
il reviendra par les fenêtres.

Mais il en faut essayer : je vous accorde votre demande. Voila des logemens pour vous & vos Compagnes : vous nous aiderez dans nos petits travaux d'hiver.

LA CIGALE.

Quelle folie, de nous avoir persuadées, que le travail dégradait ! Croiriez-vous, ma Commère, qu'une Cigale tombe en roture par l'occupation?

LA FOURMI.

C'est la même chose parmi les hommes : Des Brigands ayant soumis les Nations, condannèrent les Vaincus au travail, & flétrirent la source des Arts & des commodités : la Volupté, qui succède à la Barbarie, pense comme cette dernière ; mais le Besoin qui la suit à son tour, fait chanter la palinodie.

CRISPIN.

Bien raisonné ! que de sagesse !

PIERROT, *levant la tête.*

Cette Bête-là n'est pas bête, monsieu Crispin, n'est-ce pas ?

[*Les Enfans se pressent de sortir : ils heurtent madame* Poupinot, *qui les écarte*

écarte avec l'Égide, & les frappe légèrement du Caducée ; ce qui leur fait pousser des cris de frayeur, & se précipiter en groupe à l'entrée d'une coulisse. Il se fait un silence profond durant quelques minutes. Tout-d'un-coup l'Orquestre part, & la Musique exprime le bruissement d'un nuage. Nouveau silence, intérompu sur-le-champ par l'arrivée de Mercure.]

CINQUIÈME ACTE.

Une nuit profonde environne les Enfans, qui demeurent immobiles, tandis que madame POUPINOT *s'avance au milieu de la scène.* MERCURE *entre par le fond de l'arrièrescène, qui s'ouvre avec un bruit précédé d'un éclair, & suivi d'une grande lumière. Ensuite la toile qui cache le verger se baisse.*

I SCÈNE.

Tous les Acteurs, à l'except. des Anim.

MERCURE *à* madame POUPINOT.

PARAISSEZ, Madame : il eſt temps d'apprendre aux coupables qu'il n'eſt rien de caché pour les Dieux. Vous étiez invisible sous le bouclier de la Prudence, dont vous a couverte la Fille de Jupiter : vous êtes instruite ; & vous allez être vengée. [Mercure *reprend son caducée, & madame* Poupinot *redevient visible. Les* Enfans *demeurent pétrifiés ; ils témoignent leur frayeur par des gestes & des attitudes conformes à leur caractère*].

Madame POUPINOT *bas à* Mercure.

Seigneur, ne leur faites, je vous prie, d'autre mal que la peur ; &.... qu'elle n'aille pas trop loin.

MERCURE *bas à madame* Poupinot.

Laissez moi faire. (*aux Enfans d'un air terrible*) Me connaissez-vous ?

[Colombine & Pierrot *se cachent le visage :* Frivolet *se met derrière sa mère*].

CRISPIN.

Oui, Seigneur : à votre caducée, à votre bonnet de coureur, à vos talonières, je vous reconnais pour Mercure, dieu des grands-chemins & des vol...

MERCURE.

Laissez les titres.. Malheureux, tremblez !

PIERROT *bas à* Colombine.

I n'a qu' faire de l' dire ; je tremble de toutes mes forces.

MERCURE.

Frivolet, approchez ; vous aussi, Colombine : Crispin, avancez ; & que Pierrot se tienne-là.

PIERROT *sotement.*

Oh oh oh, tant-mieux !

MERCURE *élevant la voix.*

Animaux, envoyés dans ces lieux pour l'instruction des Mortels, présentez-vous. La NOURRICE *arrivant.*

Eh mongieu ! quiec c'hest guiont qu' quiout cha ?... O ! chiel !... un Guieu !... (*elle se met à genoux les mains jointes*).

II SCÈNE.

[*La toile du fond se lève, & l'on voit trois autels de différente grandeur, dont un est plus avancé que les autres : ce dernier est noir, c'est l'autel de* Pluton ; *le second, pour* Vénus, *est rose ; & celui de* Jupiter, *le troisième, est d'une blancheur éblouissante*].

Tous les Acteurs, Enfans, Fourmis, Cigales & Moineau.

ARLEQUIN *à sa suite, composée des* FOURMIS *& des* CIGALES.

C'EST un Dieu ; je le sens ; car sa présence inspire la joie.

Les CIGALES	&	MOINEAU.
Çaleur,		Honneur.
Vigueur,		Bonheur
Au ſeigneur Mercure.		Au ſeigneur Mercure.

MERCURE.

Reine des Fourmis, approchez. Jupiter vous a choisie pour donner aux Humains un modèle de ſageſſe, de prudence & de travail : Comme vous, Cigales, pour ſervir d'exemple à ceux qui vivans dans l'oisiveté, ſe déchargent ſur les autres de tout ſoin, de toute application; ou, qui, s'ils s'occupent, conſacrent leurs momens à la Frivolité : les temps calamiteux arrivent; ils ſe trouvent au dépourvu, & n'ont de reſſource que dans le deſeſpoir, la baſſeſſe, ou le crime. Pour vous, ſeigneur Moineau, vous êtes un Croqueur de Belles; mais après vous être repu de Cigales tendrelettes, maître Épervier ſurvient, qui vous fait éprouver le même ſort..... Je ne pouſſe pas l'allusion plus loin; car c'eſt moi que vous invoquez alors, & je vous vends cher mon tardif ſecours..... Fourmis, pour recompenſer vos vertus ordinaires, & l'hoſpitalité que vous venez d'exercer, alez à l'autel de Jupiter en recevoir le prix. [Arlequin *& les* Fourmis *s'en-vont ; elles entourent l'Autel, où elles attendent l'arrivée de* Jupiter : *elles ôteront alors leurs robes de toile, & paraîtront,* Arlequin *en* Amour, *ses* Compagnes *en* Cupidons].

(Mercure *continue, sans s'intérompre*).

Vous, Cigales, pour prix de la résolution sincère que vous avez prise de vous corriger, passez à l'autel de Vénus : votre sort vous y attend. (*Les Cigales, lorsque* Mercure *les touchera, dans la dernière Scène, quitteront leurs aîles, & seront changées, leur Reine en* Vénus, *les autres en* Grâces).

Vous, Moineau, parce que vous vous êtes laissé toucher à la prière de la Fourmi ; que vous avez épargné les Cigales ; & que d'ailleurs vous avez servi au dessein des Dieux, allez aussi à l'autel de Vénus. (Moineau *sera changé en petit-maître ; un plumet, des mouches, du rouge de la tête aux talons, un habit couleur-de-rose &c*).

[*La toile se baisse, & cache les* Fourmis *& les* Cigales].

III SCÈNE.

L'avantscène représente, ou un affreux desert, ou le Tartare : l'autel de Pluton *seul est resté découvert.*

COLOMBINE *avec effroi.*	PIERROT *grotesquement.*
Où sommes-nous?	Où que j'sommes donc?

FRIVOLET.

Ze n'en puis plus!

Madame POUPINOT *bas à* Mercure.

Voyez, Seigneur, que mon Fils pâlit!

MERCURE *à madame* Poupinot.

Eh! laissez, Mère trop sensible! êtes-vous plus sage que les Dieux? (*aux* Enfans) Coupables, approchez. Frivolet, Fils ingrat de la meilleure des Mères, qui portez dans votre cœur, & vous plaisez à y échaufer le levain de tous les vices; lâche, qui vous dispensiez de votre Devoir; vil fardeau de la terre, vous serez changé en tortue. Dans ce nouvel état, vous végéterez, & ne papillonerez plus.

FRIVOLET.

Maman! ze suis perdu! ze vais être un zour à faire tatre pas!

MERCURE.

Vous, Crispin, pour avoir trompé votre bonne Maitresse, en favorisant la paresse de son fils; devenez Renard.

CRISPIN.

Il faut subir son sort.

MERCURE.

Vous, Pierrot, sot, gourmand, imitateur stupide du mal que vous voyez dans les autres, vous serez Poulet-d'inde.

PIERROT.

Oh oh! passe encore. J'avais ben peur d'être Ane de Meûnier, ou Cheval de poste.

MERÇURE.

Pour vous, Colombine, menteuse; ingrate, rapporteuse, friande, coquette, méchante; vous alez devenir Chate.

COLOMBINE.

Miséricorde!... On commençait à me trouver gentille... un vilain poil... (*elle se touche le visage*) il me vient déja.... j'aime mieux mourir.

MERCURE.

Vous conserverez tous ces formes, jusqu'à ce que vos cœurs soient changés, & qu'il plaise à Jupiter de vous rendre celle que vous alez perdre.

[*Un feu s'allume sur l'autel de* Pluton; *l'on voit sortir de sous le Théâtre les trois* Furies, *couvertes de serpens, & des torches à la main*].

MERCURE *continue, en fesant avancer les* Enfans *vers cet autel.*

C'est ici l'autel redoutable du Dieu des Ombres; c'est ici que le crime trouve le châtiment. La timide Espérance n'ôsa jamais en approcher: l'affreux Desespoir y vient chaque jour traîner les chevelures sanglantes que ses Victimes s'arrachent. Frissonnez, tremblez.

[*Deux* Spectres *paraissent, en robes traînantes, sales & déchirées: l'*Espérance, *en jeune-fille vêtue de blanc, qui se tenait derrière* Mercure, *s'éloigne avec horreur à leur aspect*].

IV SCÈNE.

Les mêmes. [*On entend le bruit du tonnerre:* Crispin *commence à s'intimider, &* Frivolet *se laisse tomber dans les bras de sa Mère.* Colombine *est prête à s'évanouir &* Pierrot *se jète à terre*]. PIERROT, *avec le plus grand effroi, après un long silence.*

SEIGNEUR Mercure! c'ê en Poulet;

d'inde que j'dois être changementé, & non pas en tonnerre : n'vous alès pas vous tromper, au-moins !

COLOMBINE.

Je me meurs.

FRIVOLET.

Maman ! ze ſuis mort.

Madame POUPINOT.

Seigneur...

La NOURRICE.

Lle Chiel eſt en coillère, Madame ; lle Chiel eſt en coillère ; & ch'eſt voqu' fauquieu ; vous lleur avez tout pâché.

CRISPIN.

Prenons patience. *Patienza !* dit un jeune Corſe, qui vient au Collége d'Iſis ; & lorſque ce mot eſt ſorti de ſa bouche, cent coups de fouèt ne lui feraient pas deſſerrer les dents.

PIERROT *levant la tête & grimaçant.*

Le bon mot, qui empêche de ſentir les coups de fouèt ! i faut qu'je le r'quienne pour l'occasion : *paciança !*

[*Il tonne avet éclats : la frayeur des* Enfans *redouble.*]

PIERROT *à terre ſans lever les yeux.*

Seigneur Mercure, être changé en

Poulet-d'inde, ça fait il pûs de mal que les étrivières ?

[*Il tonne avec éclairs : les* Enfans *pouſſent un cri. Un nuage lumineux deſcend lentement*]. La NOURRICE.

Miſhéricoguieu ! eſt-che guiont la fin guiu monguieu ?

MERCURE *à madame* Poupinot, *qui n'eſt pas ſans émotion.*

Vous alez éprouver la clémence des Dieux. Je ſens que Jupiter lui-même eſt dans ce nuage.

DERNIÈRE SCÈNE.

Le Théâtre ſe change en un palais magnifique; les trois autels ſont à-découvert, ainſi que les Animaux.

JUPITER *ſortant de ſon nuage.*

MERCURE, la ſentence que vous avez prononcée eſt juſte ; Thémis l'a confirmée, & Némésis demande à l'exécuter. [Némésis *ſort de deſſous le Théâtre, tenant une torche d'une main, & des fouets de l'autre*].

NÉMÉSIS.

Il faut	Les méchans	Soiyent punis.
Que tôt	Garnemens	(*Elle danſe ſuivant ſon caractère.*
Tôt, tôt, tôt	Du vice Amis	

JUPITER.

Les Infernales Déités peuvent tenir cet horrible langage : mais c'eſt à leur clémence, qu'on reconnaît les Dieux céleſtes, & les bons Rois qui ſont leur image.... Mercure, touchez les Animaux de votre caducée. [*Les Animaux ôtent leurs maſques, & ſe changent comme il eſt indiqué, II Scène*]. Le Roi des Dieux ſe plaît à changer des brutes en hommes ; il aime à faire tendre tous les êtres vers la perfection : mais il n'appartient qu'au Dieu des Ombres, à ſes Furies, au Fanatiſme, aux Tyrans, de changer les hommes en brutes. (*aux Jeunes-gens*) Enfans, ſoyez bons : Jupiter le veut. [Mercure *les touche de ſon caducée : en-même-temps ils s'ouvrent, & laiſſent voir les Animaux, qui viennent d'être métamorphoſés*].

MERCURE *précipitant* Némésis *qui veut lui réſiſter.*

Obéiſſez à Jupiter :

C'eſt toujours ſon plus cher desir
de voir tout l'Univers dans une paix profonde.
Ne vous laſſez-vous point du barbare plaisir
de troubler le repos du monde ?

Opéra de Perſée, III Acte, II Scène.

(*aux* Enfans) Témoignez votre gratitude par vos Danſes & vos plaiſirs ; c'eſt le ſacrifice le plus agréable à des Dieux qui veulent le bonheur des hommes.

JUPITER *à madame* Poupinot.

Mère tendre, ſoyez toujours auſſi bonne; mais plus vigilante, moins crédule: aimez vos enfans, vos domeſtiques; mais préférez de leur causer un petit mal présent, à les rendre victimes de longs repentirs. Enfans, profitez de la jeuneſſe; c'eſt le ſeul temps dont vous puiſſiez diſposer: la ſoupleſſe de vos organes, l'exemption de ſoins, vous rendent facile, ce qui devient impraticable dans un âge plus avancé. Chériſſez vos Parens, adouciſſez leurs peines; aimez les Dieux, & ſervez vos ſemblables. [Jupiter *remonte*].

MERCURE.

Je vous félicite de cet heureux dénoûment: & comme je ſuis un Dieu aſſez familier, je vais danſer avec vous: la popularité ne dégrade ni les Grands, ni même les Dieux.

Tous les Acteurs.

Béniſſons JUPITER qui nos a rendus bons. [*Ils danſent un Ballet, dont la Pantomime représente un ſacrifice ſur l'autel de* Jupiter. *L'autel de* Pluton *diſparaît*].

ARLEQUIN *aux Spectateurs.*

MESSIEURS, j'étais Fourmi, ſage, économe, prudente, laborieuse; me voila redevenu le petit Arlequin: Si je vous plais ſous cette forme, applaudiſſez; & je la préfère à celle d'Adonis.

FIN de la Fable Dramatique.

Remarques. 1. Il y a, dans *la Cigale-&-la-Fourmi*, quelques inconvenances que j'ai négligé de corriger; le *Serin*, de Colombine; *la grande cage à perroquet;* Pierrot *en poulet-d'inde;* l'allusion au reproche qu'a fait M. *Rouſſeau* aux Fables de *Lafontaine*, de présenter quelquefois des exemples peu faits pour former la Jeuneſſe &c: ce manque de *coſtume de choses* ne fait rien au fond de la Pièce. 2. Lorſqu'on l'a représentée, l'Auteur crut pouvoir mêler deux Cultes: Jupiter protégeait madame *Poupinot*, qui eſt Chrétienne, & Mareine de *Colombine*. *Frivolet* paraiſſait en jeune Abbé; ſes Sœurs étaient Religieuses, &c: par ce moyen, il avait rapproché ſa Pièce de nos mœurs. Mais il ſuffit ici de le dire.

XXXIVe FABLE
DE FESTUS-AVIENUS.

QUISQUIS torpentem passus transire juventam,
nec timuit vitæ providus ante suæ;
confectus senio, postquam gravis adfuit ætas,
heu, frustrà ulterius sæpè rogavit opem.

SOLIBUS obreptos hiemi Formica labores
distulit, & brevibus condidit ante cavis.
Verum ubi candentes suscepit terra pruinas,
arvaque sub gelido delituêre gelu,
Pigra nimis tantos non æquans corpore nimbos,
in propriis laribus humida grana legit.
Discolor hanc precibus supplex alimenta rogabat;
quæ quondam querulo ruperat arva sono;
se quoque maturas quum tunderet area messes,
cantibus æstivos explicuisse dies.
Parvula tunc ridens sic est affata Cicadam:
(nam pariter vitam continuare solent)
Mî quoniam summo substantia parta labore est,
frigoribus mediis otia longa traho:
At tibi saltandi nunc ultima tempora restant,
cantibus est quoniam vita peracta prior.

LE JUGEMENT DE PÂRIS,

COMÉDIE-BALLET.

EN FRANCE.

M. DCC. LXXII.

Se trouve à PARIS, chez HUMBLOT, Libraire, rue Saint-Jacques, près Saint-Ives.

AVERTISSEMENT DE L'AUTEUR.

CETTE feconde Pièce eft d'un genre bien différent de la première ; mais elle n'eft pas moins originale. J'y mets à contribution la Fable-héroïque, pour divertir une Jeune-perfonne à laquelle il ne faut plus des jeux d'Enfant. Si j'étais chargé de diverfifier les plaisirs, & de les proportionner aux différens âges, c'eft la gradation indiquée par mes deux Pièces, que je fuivrais. D'abord les Contes de Fées feraient mis en action : j'en connais quelques-uns qui feraient d'excellens Drames-éphébiques, tels que la *Belle-&-la-Bête*, *Cendrillon*, *Riquet-à-la-houpe*, le *Petit-chaperon-rouge*, &c : enfuite l'*Apologue* ; puis la *Fable-héroïque* ; l'*Hiftoire* fuivrait ; enfin l'*Amour* viendrait échauffer les cœurs, & les diſposer au mariage. Je reviens à mon petit Drame.

J'ai pris un ſujet connu, que les Femmes Grecques danſaient autrefois. Nous n'avons plus de ces Actions danſées ; la vraie gaîté, les divertiſſemens pittoreſques ſont bannis des jeux de toutes les Nations modernes. Je ſais bien à quoi l'attribuer : mais il eſt temps de ſecouer le joug imposé par la ſotise & le cagotiſme : les Dieux, les bons Parens, & les Maîtres humains, veulent tous également que la joie règne parmi ceux qui leur ſont ſoumis : baniſſons les idées triſtes, accablantes, qui, depuis tant de ſiècles, mettent la terre en deuil, & rendent la méchanceté plus atroce ; le Ris eſt toujours innocent ; il cherche le Plaisir, & le fait éclore ; la ſombre Douleur veut què tout ſouffre, & que tout s'afflige.

Des trois Arts enchanteurs, qui nous procurent des plaisirs piquans, la *Danſe* eſt le plus à la portée de tout le monde, le plus utile pour former le corps, & contribuer à la ſanté. (Pères des Peuples, encouragez cet Art charmant!) La *Muſique* (ſecond Art) en eſt inſéparable; elle eſt l'âme de la Danſe: le *Mimiſme* (troiſième) leur donne de l'expreſſion à tous-deux: la réunion de ces trois Arts compoſe ce que l'on peut appeler un *Spectacle* parfait, un *Drame*, une *Action*.

Danſer, *ſauter* ruſtiquement, exprime de la *gaîté* ſans-doute, & flate la vue: *Danſer* avec grâce, avec préciſion, produit l'*admiration; danſer* en peignant une action choiſie, ajoute l'*intérêt* à l'admiration; c'eſt le terme naturel de l'Art *choréique* & des deux autres.

Le *Chant* a les mêmes gradations que la Danse. Joignez à ces deux Arts un *Jeu-parlé*, des Discours touchans où gais, nobles ou comiques, &c, auxquels s'ajustent les Airs & les Danses, vous charmez vos Semblables, & devenu pour eux l'Imitateur de la Divinité, vous les rendez heureux, & méritez leurs hommages. Si notre *Opéra* Français réunissait toujours ce qu'il faut, il serait le plus utile des Spectacles : mais.... On sait là-dessus, tout ce que je pourrais dire.

Le *Mimisme* du Théâtre-lyrique ne peut être rendu que par la réunion de différens Arts & de beaucoup de Talens : néanmoins j'entreprens de mettre son genre à la portée de l'Enfance même, & des dispositions commençantes, en ne donnant que peu de Chant, qui n'est pas fait pour l'âge tendre, & beaucoup de Danſes. Je n'ai même pris que des vers connus, dont la Muſique eſt ancienne & facile. Tel eſt le but de cet Eſſai, que j'ai fait exécuter ſur un Théâtre particulier, & par des Acteurs qui n'ont jamais reçu d'autres leçons que les miennes. Je ſouhaite que ceux qui s'occupent à dreſſer la Jeuneſſe, puiſſent ou veulent en faire leur profit : ce que je dis à tous les Inſtructeurs ; car je ſuis perſuadé, comme les anciens Grecs, que la *Danſe*, la *Muſique*, & l'Art *imitatif-déclamatoire*, font partie de l'éducation des Honnêtes-gens : l'utilité des deux premiers eſt aſſez connue ; celle du troiſième eſt plus grande encore, puiſqu'elle enſeigne à mettre de la grâce dans la préſentation, de l'aiſance dans le débit du diſcours, de la facilité, cette aménité perſuasive dans la converſation familière; à règler le geſte, &c *.

* Auſſi rien de plus ſage que les *Exercices dramatiques* des anciens Colléges, s'ils avaient été conduits comme il le falait.

Distribution des Rôles.

Acteurs,	Meſſieurs,
L'AMOUR,	*Lavarenne.*
PÂRIS,	*Talon*, l'aîné.
ARCHELAUS, Miniſtre que Priam avait chargé d'exposer Pâris,	*Talon*, cadet.
MIMÉTON,	*Moreau.*
Un Garde.	
La DISCORDE,	*Bordier.*
Les FURIES,	.... *Le Dais, Gémon*

Actrices,	Meſdemoiſelles,
JUNON,	*Clérophile.*
PALLAS, ou Minerve,	*Durand.*
VÉNUS,	*Rivière.*
IRIS, ou l'Arc-en-ciel,	*Henriette.*
Les 3 GRACES.	
ŒNONE, Nymphe, Amante de Pâris,	*Tonton.*
LYCORIS, Bergère, Rivale ſecrète d'Œnone,	*Rouſſeau.*
HÉLÈNE, Reine de Sparte, ou plutôt ſon Image,	*Durand*, ſous le voile.
Le Sommeil, Morphée, les Songes.	

Nymphes, Sylvains, Bergers & Bergères du mont Ida, en Phrygie, près la fameuse Ville de Troie, *où eſt la Scène.*

LE JUGEMENT-DE-PÂRIS.

PREMIER ACTE.

[*Le Théâtre représente le bout d'une plaine, terminée par le mont Ida, qui remplit tout le fond ; des maisons rustiques bordent les deux côtés*].

I SCÈNE.

(*Lorsque la toile se lève, on entrevoit une* Jeune-fille *à l'entrée d'une maison, qui paraît écouter, & qui se retire aussitôt, en fesant un geste malin*).

IRIS *dans sa machine.*

VOILA ma commission faite. Berger, songe à l'honneur qui t'attend : les Rois ne jugent que des hommes ; Pâris va prononcer entre les Dieux. (*elle remonte.*

II SCÈNE.

PÂRIS *seul.* MIMÉTON *survient à la fin du premier couplet.*

JE ne suis plus le même ! l'Univers s'embellit à mes yeux : une bouillante ardeur fait pétiller mon ſang ! Je brûle de me ſignaler..... Hêlas ! né dans la baſſeſſe, que puis-je ? & qu'eſt-ce que la vertu ſans la capricieuse fortune ?.... Mais les Dieux... que dis-je ! les Déeſſes me protégent ; & ſans-doute là-haut comme ici, leur crédit l'emporte. (*avec chaleur*) Tout cède au pouvoir des Belles, Pluton dans le ſombre Empire ; Jupiter ſur la Voûte-azurée ; Neptune lui-même au fond des eaux brûlent des feux qu'alume la Beauté. (*il chante :*

(*Air de l'Opéra d'*ATYS, *IV Acte, V Scène.*)

L'Amour trouble tout le monde,
c'eſt la ſource de nos pleurs ;
c'eſt un feu brûlant dans l'onde,
c'eſt l'écueil des plus grands cœurs :
il eſt fier, il eſt rebelle,
mais il charme tel qu'il êt ;
l'Hymen vient quand on l'appelle,
l'Amour vient quand il lui plaît.

[*Il regarde l'endroit par où la déeſſe* Iris *eſt remontée, & ſemble la chercher des yeux.*

MIMÉTON *remplit la ſcène.*

Le Fils de mon Maître radote ſans-doute, car il parle tout-ſeul. (*d'un ton de bonhomie*) Ha ha, il tient de ſon vieux Père... & peut-être encore plus de ſa Mère, quoiqu'il ne l'ait pas connue... C'eſt ſa Mère qu'il ne connaît pas!... ho ho! c'eſt le contraire de bien d'autres!... Mais, à-propos, je radote auſſi moi, tandis que Pâris bâille aux Corneilles! Eh! pourquoi non? Je ſuis homme... (*s'avançant vers l'Orqueſtre*) Qui dit-là, un hommelette? hum!... je ſuis homme (*frappant du piéd*) & rien d'humain ne m'eſt étranger

PÂRIS *revenant.*

Que fais-tu là, Miméton?

MIMÉTON.

Je radote, Monſieur: ou pour répondre plus juſte, je vous dirai que mademoiselle Chicorée, la bonne amie de mademoiselle Oignone, votre bonne amie à vous, laquelle Chicorée, ſi elle le voulait, ſerait ma bonne-amie à moi, vient de...

PÂRIS.

Ce maraud, avec ſon plat verbiage....

MIMÉTON *très-précipitamment.*

Mam'selle Chicorée vu vous une Jeune-fille parler amour dire Oignone, fâcher gronder brouiller chaſſer, vous pleurer gémir noyer peut-être pendre.

PÂRIS.

Maudit barbouilleur, qui m'assourdit, que veux-tu dire ?

MIMÉTON.

J'abrége, Monsieur, & j'ôte tous les mots inutiles ; les Propositions, les Injonctions, les Pratiques, & je ne laisse que les Ponts & les Vêpres.

PÂRIS *fait un geste d'impatience.*

La petite Lycoris m'a donc vu ?

MIMÉTON.

Eh-oui, avec une Nape assez jolie.

PÂRIS.

Une Nape ! une Nymphe.

MIMÉTON.

Eh-bien, une Guimpe, une Guêpe ; tout ce que vous voudrez. La petite Chicorée est allé le dire à sa bonne-amie Oignone, je vous en avertis.

PÂRIS.

A-la-bonne-heure... Écoute, Miméton ; vois-tu ce sommet ? (*il montre la cime du mont Ida*).

MIMÉTON.

Oui ; c'est le bonnet du mont Idada.

PÂRIS.

Tantôt.... Il faudra...

MIMÉTON.

Y aller ?

PÂRIS.

Oui.

MIMÉTON.

Tant-mieux ! tant-mieux !

PÂRIS.

M'écouteras-tu ? ... Je veux te dire ; que ce bel endroit, séjour d'Œnone....

MIMÉTON.

Produit les plus belles framboises *, & que j'en mangerai tant....

PÂRIS.

Gourmand ! tu ne songes....

MIMÉTON.

Qu'aux bonnes choses, & vous aux belles ; chacun à son goût, monsieur.

PÂRIS.

Finis, Balourd ; on ne saurait causer avec toi.... Mais j'aperçois mon Père ; je ne l'ai pas vu de tout le jour ; & c'est lui qui me prévient. (*à* Miméton *qui s'arrête*) Suis-moi. [Pâris *court à son Père, qui paraît sur-le-point de sortir*].

---

* L'arbrisseau qui les porte, est originaire du mont Ida.

MIMÉTON *à-part.*

Il a du bon, ma-foi! dans le siècle où nous sommes, il respecte encore son Père!... Je veux profiter de l'exemple.... (*il regarde vers les coulisses*) A quel moment faut-il quitter la place! voici la gentille Chicorée, avec son amie la Guimpe Oignone. Fuyons avant leur arrivée; car je n'aurais pas la force de m'en-aler après. (*en se retirant*) Appétissante Chicorée!... sous un bon gigot. ... (*il lèche ses doigts*) Quel suc! (*il rentre dans la maison, dont la porte demeure ouverte*).

III SCÈNE.

ŒNONE, LYCORIS.

ŒNONE, *du ton de la curiosité.*

ELLE lui parlait?

LYCORIS.

Faut-il vous le répéter?

ŒNONE.

Et tu les as vus?

LYCORIS.

Parfaitement.

ŒNONE.

Elle... était... belle?

LYCORIS.

Ravissante : on ne pouvait soutenir l'éclat de ses yeux.

ŒNONE *avec douleur.*

Ah !... l'Amour les animait !

LYCORIS.

Sa démarche, son air, sa noble fierté semblaient exiger le respect ; mais un regard qu'elle m'a lancé, m'a paru si doux, que j'ai senti qu'il demandait mon cœur.

ŒNONE.

Oses-tu bien me le dire à moi-même ! Dieux tout-puissans ! si jeune encore, Pâris....,

LYCORIS.

Le Fils de Vénus l'avait bien attendri pour vous ?

ŒNONE.

Il est vrai : ce Berger trop aimable, avant quinze ans, est un héros en amour ; dois je m'étoñer qu'il veuille imiter les Héros, en vôlant comme eux de victoire en victoire ?

LYCORIS.

Mais comme lui, vous êtes jeune ; vous êtes belle ; changez ; mille esclaves nouveaux s'empresseront à briguer l'honneur de vos chaînes.

ŒNONE.

Ah, Lycoris! je suis Nymphe, il est vrai; je suis jeune; on me trouve jolie; mais je serai fidelle.

LYCORIS *avec dépit.*

Eh-bien! languissez pour un ingrat.

ŒNONE *comme inspirée.*

Je préfère mes tourmens au plaisir de changer. Un jour, un jour (le Fleuve mon père me l'a dit souvent) sur les bords enchantés de la Seine les Femmes tireront vanité de l'inconstance & de la perfidie: la Nymphe indignée troublera son onde, pour ne pas voir règner l'Impudence & l'Insensibilité, où soupirent aujourd'hui la Tendresse, la Décence & la naïve Candeur.

LYCORIS.

Il doit un jour y avoir de ces femmes-là!

ŒNONE.

Les Dieux en couroux punissent ordinairement par elles des hommes efféminés.

LYCORIS.

Mais, elles trouvent donc des Amans tant qu'elles veulent?

ŒNONE.

Sans en être plus heureuses : Une ſeule fois la Volupté pure couronne le don du cœur, & cimente l'union des âmes.

LYCORIS.

Enſuite ?

ŒNONE.

Ce n'eſt plus qu'une ivreſſe dangereuse & dépravée. Celles qui devraient être tendres, deviennent capricieuses, exigeantes : l'homme qui les a corrompues gémit ſous l'empire falot d'une Deſpote, qui ne connaît de l'amour que les travers.

LYCORIS.

Puiſque de pareilles mœurs doivent règner, que ne ſommes-nous à ces temps-là!

ŒNONE.

Ah ma chère! quel ſouhait inſenſé! Le véritable amour produit le bonheur & la vertu; le faux, égare & corrompt. Éprise pour la première fois, j'aime Pâris comme je voudrais en être aimée.

LYCORIS *à-part.*

Elle y tient. (*haut*) Le voici cet heureux Berger. (*à-part*) l'avanture commence; c'eſt tout feu. (*haut*) Je vous laiſſe, belle Nymphe; une autre tiers que l'Amour ſerait de trop ici. (*à-part*) Mon tour viendra (*elle ſe retire , & prête d'entrer dans la couliſſe, elle ſe retourne, regarde Pâris avec paſſion , & dit :*

Qu'il eſt bien!... Puiſſent mes avis produire leur effet !

IV SCÈNE.

ARCHELAUS & PÂRIS *ſortent de la maison , &* MIMÉTON *les ſuit.*

ŒNONE *à-part.*

DIEUX ! en le voyant , toute ma colère s'évanouit !... Mais il n'eſt pas ſeul... Archelaüs l'accompagne.... Retirons-nous. [*elle ſe met à portée d'entendre*].

ARCHELAUS, *d'une voix caſſée.*

Soyez heureux , mon Fils, dans ce paiſible ſéjour : c'eſt le vœu que pour vous j'adreſſe au Ciel à chaque inſtant de ma vie. Œnone eſt digne de vous : ſoyez-lui fidèle.

PÂRIS.

J'aime Œnone , mon Père , & n'aime qu'elle.

ARCHELAUS.

Pourquoi donc vous a-t-on vu , ce jour même, rechercher une Nymphe étrangère ?

Pâris,

PARIS.

Peut-on refuser une Belle, qui ne demande qu'un moment d'entretien ?

ARCHELAUS.

Soyez moins galant... Si vous saviez... (*à-part*) Dieux ! que je tremble ! Mais dissimulons. (*à* Pâris) Une Ville fameuse doit un jour porter votre nom ; la galanterie lui sera fatale, si vos glorieux destins ne l'emportent sur les Dieux ennemis... Mais, ne vois-je pas Œnone ? Regardez, mon Fils; vos yeux sont meilleurs.... O mon Fils !... Adieu. Songez que votre bonheur dépend de votre obscurité.

ŒNONE *chante.*

Heureuse une âme indifférente !
le tranquille bonheur dont j'étais si contente,
ne me sera-t-il point rendu ?
Dans ces beaux lieux tout est paisible ;
hélas ! que ne m'est-il possible
d'y trouver le repos que mon cœur a perdu !

Opéra de Phaëton, I Acte, I Scène.

ARCHELAUS *avec transport.*

Quels doux accens ! Pâris, pourriez-vous être infidèle ! [*Le Vieillard suit* Œnone *qui s'éloigne :* Pâris *accompagne* Archelaüs, *qui va lentement*].

MIMÉTON, *qui s'est tenu derrière*, Le vieux Sermoneur nous fait grâce ; il s'en-va.

V SCÈNE.

PÂRIS *seul, après que le Vieillard lui a fait signe de le laisser*].

BACCHUS, dieu des Vieillards, répans sur mon Père tes dons bienfesans, & le reticns loin de ces lieux... Et vous, belle Vénus, faites qu'Œnone tranquille, ne soit point alarmée de mon absence!

MIMÉTON *grotesquement.*

Basducus, dieu de la treille & de la Vieillesse, c'est toi que j'implore ; amuse si bien Archelaüs, qu'il ne revienne pas de sitôt! Et toi, belle Vérue, déesse de la Jeunesse marmoureuse, fais que la jolie Chicorée s'ennuie si fort où elle est, qu'elle vienne me chercher ici !

VI SCÈNE.

ŒNONE, ARCHELAUS, *dans le fond* ; PÂRIS, MIMÉTON, *sur le devant.*

ŒNONE *s'en alant avec* Archelaüs.

SAGE Vieillard, si Pâris est un ingrat, ce n'est pas avec des reproches qu'on peut le ramener.

ARCHELAUS.

Nymphe, ſon bonheur dépend de ſon attachement pour vous; c'eſt l'ordre du Deſtin. (*ils ſortent.*)

VIII SCÈNE.

PARIS, MIMÉTON.

MIMÉTON.

VOUS rêvez comme tantôt, monſieur?

PARIS.

Ah! Miméton, j'en ai bien ſujet.

MIMÉTON.

Je le crois; vous êtes marmoureux.

PARIS.

Ce n'eſt pas tout: ſi tu ſavais...

MIMÉTON.

L'on vous eſt en-ficelle? tant-mieux!

PARIS.

Non; la belle Œnone (je l'ai vu dans ſes regards) la belle Œnone êt conſtante.

MIMÉTON.

Ah tant-pis! tant-pis!

PARIS.

Comment? que veux-tu dire?

MIMÉTON.

C'eſt que j'aime l'incon...pétance, moi, voyez-vous?

PARIS.

Et sans-doute tu as tes raisons ?

MIMÉTON, *avec gravité.*

Oui. Lorsque vous voyez une coutume établie, croyez qu'elle est fondée sur la raison. Jamais les hommes n'ont *bien* fait pour faire mal; & lorsqu'ils font *bien*, ils croient faire... mal ? ou bien ?... n'importe. De sorte que le *bien* d'à-présent, fut *mal* autrefois... Je crois que je m'embrouille dans ma Phirlosopépie perroquète?...Monsieur, aidez-moi donc à comprendre ce que je dis ?

PARIS *distrait.*

Il faudrait t'avoir entendu.

MIMÉTON.

Tant-mieux !... Je souhaite à toute la Compagnie la même inattention, lorsqu'un Petit-maître voudra phirlosoper.

PARIS *à-part.*

Est-ce bien à moi......

MIMÉTON *tremblant.*

Eh ! non, non, Monsieur, je parle en-général, & l'applicatiòn.... (*s'apercevant que* Pâris *ne l'écoute pas*) l'application, puisque vous l'appliquez, est très bien appliquée... Revenons à ce que je disais. J'ai mes raisons pour aimer l'incon...pétance;c'est que je n'ai pas de marmoureuse (il ne faut pas compter mam'selle Chicorée : elle se moque de moi ; c'est à Pâris qu'elle en veut ; car il est la... le... croquepuce de toutes les femmes)or,quand il y aura beaucoup de délaissées ; mais, là beaucoup... N'y en aurait-il pas quelqu'une par-là, que ma... mine, mon teint, ma taille crocantesque, mon porc, mes graîces, ma démanche, mon empourpoint auraient charmarées ! elle n'a qu'à parler!

PARIS *qui se promène en rêvant.*

A quî diable en as-ru ?

MIMÉTON.

Je me parle ; j'ai l'ouïe dure ; & je crie fort pour m'entendre.

PARIS.

Va-t-en ; je veux être seul ; je veux rêver.

MIMÉTON.

Rêver ! Eh ! Monsieur, ma présence ne vous en empêchera pas : depuis une heure que je parle, vous dormez debotu.

PARIS.

Insolent ! MIMÉTON.

Ah ! je m'enfuis, puisque vous êtes réveillé... (*revenant*) Prenez garde au trou ... du Souffleur.... (*à-part*) Mais je vois qui va l'empêcher de lire aux astres.....

VII SCÈNE.

ŒNONE, PARIS.

ŒNONE *à-part, quittant* Archelaüs.

Ce bon Vieillard! comme il m'aime! Il craint autant que moi l'inconstance de Pâris. PARIS *à-part.*

Attendrai-je qu'elle me prévienne, suivant l'usage que les Beaux viennent d'introduire à Troie?... Non: je ne suis pas encore assez fat; d'ailleurs, je pourrais être la dupe du stratagème. (*abordant* Œnone) Belle Nymphe...

ŒNONE *fuyant.*

Laissez-moi. PARIS.

Que vois-je? Œnone! vous me fuyez!

ŒNONE *levant les yeux au Ciel, & fuyant toujours.*

Perfide! PARIS *à-part.*

Lycoris a parlé... sans-doute elle a benignement quadruplé ce qu'elle a cru voir... M'y voila. Fesons durer la scène: la bouderie d'une jolie Femme, lorsqu'on est sûr de la faire cesser, est un ragoût délicieux. (*en finissant ce couplet, il regarde* Œnone, *& fait un geste suppliant*).

ŒNONE, *tendrement.*

Ingrat!

PARIS.

Qu'ai-je donc fait, belle Œnone, pour mériter ce reproche?

ŒNONE, *s'éloignant de lui.*

Tu le demandes!

PARIS.

Quand on ignore son crime...

ŒNONE, *du ton ferme.*

La franchise marque un reste d'estime, lors même que l'amour a cessé: la dissimulation.... Va, tu prens les moyens de me guérir: dissimule, sois faux; je te méprise, & n'aime plus.

PARIS.

Un motif plus noble....

ŒNONE *vivement.*

N'achève pas; je t'entens... Suis-je assez humiliée! Fille d'un grand Fleuve, j'aime un simple Berger, un Enfant recueilli, dont l'origine inconnue... Aprens le, traître, Archelaüs, le vertueux Archelaüs n'est pas ton père. Et lorsque cet Amant à qui je suis descendue, vient à changer, il dissimule avec moi ... par pitié! Je t'en dispense, parjure: Œnone est trop fière pour te regretter, trop généreuse pour se venger de toi. Vis avec ton indigne Amante ; mais ne te vante pas d'avoir fait couler mes larmes. (*elle pleure*).

PARIS *à ses genoux*.

Ah! ne me dérobez pas cette précieuse sensibilité ! Belle Œnone, je ne suis pas indigne de vos larmes .... mais, je n'ai rien fait qui doive vous en faire répandre. (Œnone *en pleurs se jète à l'écart, & se cache le visage de ses mains*. Pâris *à part*) Il me semble que le raccomodement viendrait à-propos : elle est attendrie ; profitons-en : aisément l'Amour change en douce émotion le trouble qu'excita la douleur.

ŒNONE *soupirant*.

Non, je ne vous regrette plus; laissez-moi.

PARIS.

Daignez m'entendre.

ŒNONE.

Eh ! que me diras-tu ?

PARIS.

Que je n'adore que vous.

ŒNONE *sanglotant*.

Aux genoux d'une autre... tout-à-l'heure... vous en disiez autant.

PARIS.

Œnone !... Non, vous ne le croyez pas.

ŒNONE.

Ah !... que ne puis-je en douter !

PARIS.

Vousen doutez, belle Œnone ; non que vous m'eſtimiez ; non que vous comptiez ſur ma conſtance, ſur ma raison....

ŒNONE.

En a-t-on... beaucoup à votre âge ?

PARIS.

Aſſez pour ne pas changer, lorſqu'on vous aime.

ŒNONE *à-part.*

Comme il flate mon cœur ! (*haut*) Plût-aux-dieux, Pâris, que je puſſe vous croire !... mais lorſqu'on eſt fait comme vous....

PARIS *ſouriant.*

Faible ſujet de crainte ! Belle Nymphe, régardez-vous ; ce cryſtal liquide vous montrera de-quoi vous raſſurer contre mon changement : Vous êtes trop bien, & vous le ſavez aſſés, pour redouter mon inconſtance... Peut-être même ne vouliez-vous que chatouiller ma vanité par une feinte jalousie.

ŒNONE.

Mais, l'on vous a vu....

PARIS *avec feu*.

Dans ce lieu même, avec une Beauté divine.

ŒNONE.

Cette chaleur.... elle dément bien les froides assurances que vous venez de me donner!

PARIS.

Non, belle Œnone, non; apprenez que cette Beauté n'est pas une Mortelle.

ŒNONE.

Comment!

PARIS.

C'était Iris *, la Messagère de l'Épouse du Maître-des-Dieux.

ŒNONE.

O Ciel! que venait-elle vous anoncer?

PARIS.

Trois choses qui vont me combler de gloire, & me rendre moins indigne de vous. Dernièrement, vous le savez, les Dieux honoraient de leur présence les noces de Téthys & de Pélée: au-milieu de la Fête, une Pomme d'or, lancée, suivant les uns par la Discorde, qu'on avait négligé d'inviter; selon d'autres par Jupiter lui-même, qui avait ses raisons, vint tomber aux piéds des Déesses:

* Ce fut Mercure; mais Iris me paraît plus commode pour le Théâtre.

ſur cette Pomme était écrit, À LA PLUS BELLE. Il n'en eſt pas une qui n'y prétendît; mais Junon Pallas & Vénus ont écarté leurs Rivales: c'eſt entre ces trois grandes Divinités qu'eſt le différend; & (ce qui doit ſurprendre) Jupiter a jeté les yeux ſur moi pour le décider.

ŒNON'.

Les petits Jugemens que vous rendez entre nos Bergers, vous ont acquis une réputation d'équité, que la Renommée a portée juſqu'à l'Olympe; c'eſt-là ce qui vous procure un honneur....

PARIS.

Dont je vous dois plus de la moitié, charmante Nymphe; car vous ne ſollicitez jamais, & vous m'avez garanti des piéges des jolies Solliciteuſes... Iris eſt venue m'avertir du temps, du lieu que les Déeſſes ont choiſis; & ſans me parler pour aucune, elle m'a fait leurs propositions: Junon m'offre la couronne; Pallas, la ſageſſe; & Vénus, (*prenant la main d'*Œnone) adorable Nymphe, d'être conſtamment aimé de la plus belle des Femmes... ou plutôt d'Œnone.... Ce n'eſt pas tout; ma naiſſance doit ſe découvrir: Archelaüs, comme vous l'avez dit, n'est pas mon père ; mais il connaît l'Auteur de mes jours. Ajoutez à tant de choses flateuses, qu'avant le coucher du soleil, je dois remporter un signalé triomphe.

ŒNONE.

Que de faveurs ! Veuillent les Dieux... Pâris ! éterniser votre bonheur !... Et, quelle heure les Déesses ont-elles prise ?

PARIS.

Nous y touchons. Phébus est prêt d'atteindre le milieu de sa carrière : Retirons-nous dans cette grote, qui vous défendra de la chaleur. (*ils entrent dans la grote*, & Pâris *en sort un moment après*).

[*Durant l'Entr'acte, on entend une douce symphonie. Le* Sommeil, Morphée *& les* Songes, Phobétor & Phantase, *traversent la scène en robes blanches & traînantes : ils entrent dans la grote.* Le Sommeil *prêt d'entrer.*

Redouble... tes... charmes,... Morphée... Phobétor,... Phantase,... amusez ; ... Œnone ;... obéissez... à Vénus... (*il bâille*).

Morphée, *avant d'entrer.*

Règnez, divin Sommeil, règnez sur tout le monde ;
répandez vos pavots les plus assoupissans ;
Calmez les soins, charmez les sens ;
qu'Œnone en ce moment goûte une paix profonde !

Atys, III Acte, IV Scène.

SECOND ACTE.

[*Le Théatre change, & représente le sommet du mont Ida; des rochers escarpés forment le fond de la Scène*].

I SCÈNE.

(*On voit descendre un nuage, sur lequel est peint l'*Arc-en-ciel. *En-même-temps l'éclair brille, & l'on entend le tonnerre dans le lointain. Quelques parfums répandus, flatent l'odorat*).

PARIS *parcourt le Théatre, en regardant le nuage avec différens gestes, qui marquent l'attente, la joie & l'admiration.* IRIS *sort de ce nuage, qui s'entr'ouvre, & laisse voir un trône brillant, surmonté d'un dais.*

IRIS *avec noblesse.*

JEUNE Berger, voici le moment où tu vas être l'arbitre des Dieux : songe qu'ils lisent dans les cœurs ; que tes motifs soient purs, ou tu n'échapperas pas à leur vengeance.

PARIS *souriant.*

Je plaindrais les Déesses, belle Iris, si vous prétendiez à la Pomme.

IRIS, *du ton le plus fin de l'étonement.*
Simple habitant des campagnes, vous ſavez cajoler !

PARIS.

Déeſſe, lorſqu'on a vos attraits; ces couleurs enchantereſſes; ce bel arc, qui ſurmonte un œil vif & tendre, on eſt ſûr de l'emporter ſur Hébé, ſur Vénus elle-même.

IRIS *à-part.*

Son caractère perce; il eſt coquet: je crains bien que Vénus ne l'emporte! *(haut)* Les louanges ne me déplaisent pas; mais je n'eus jamais la réputation d'être tendre: lorſque mes Amans ſont au plus fort de leur enthousiaſme, je diſparais, & les laiſſe fort en peine de ce que je ſuis devenue. Parlons des Déeſſes: je ſuis à la Sœur du Maître des Dieux, & je ſouhaiterais que la balance panchât en ſa faveur. Elle eſt belle; ſes appas ſont dans un éternel printemps; ſes yeux ſont les plus beaux & les plus grands qu'on puiſſe voir ſur la terre & dans l'Olympe.

PARIS.

Pour celui-là, Déeſſe, je le ſais; car nos ruſtiques Bergers ne l'appèlent ici, que la belle Junon aux yeux de bœuf.

IRIS.

Je ne vous parle pas de tout le reste, que vous alez voir : Examinez seulement, & je suis sûre qu'elle aura la Pomme. Songez aussi, qu'avec la Royauté qu'elle promet, l'on a tout ce que peuvent donner ses Rivales, la sagesse & le cœur des Belles. Mais les voici. [*Une douce symphonie, qui devient pleine à l'entrée des Déesses.*

II SCÈNE.

PARIS, *répondant à* Iris.

QUELS parfums délicieux ! sans-doute ils annoncent des Déesses ..... ou ..... de Petites-maitresses.

JUNON, *dans un char traîné par des paons, descend par le fond du Théâtre, dont les rochers s'entr'ouvrent ;*

PALLAS, *un casque en tête, son égide où est une Méduse d'une main, de l'autre une pique, entre par la droite :*

VÉNUS, *suivie des* Grâces (Aglaé, Thalie, Euphrosine) *monte de dessous le Théatre, dans une conque marine, sur le devant de laquelle sont deux colombes qui se bèquetent.* [*Les deux Déesses* Junon *&* Pallas, *ont un fourreau couleur-de-chair, qui dessine parfaitement les contours, de-sorte qu'elles paraissent entièrement nues sous la gaze qui les envelope; leur chaussure est découverte à l'antique, & les cordons entourent le bas de la jambe: aulieu que* Vénus, *coquettement demi voilée, est mise avec goût, suivant le costume grec, c'estàdire comme les Filles de Sparte, dont l'habit s'entr'ouvrait; mais la coîfure & la chaussure, sont à la Française.*]

IRIS *chante durant l'entrée dee Déesses.*

Alons, alons, accourez tous!
Oui, Junon va descendre;
Trop heureux Phrygiens, venez ici l'attendre.
Mille Peuples seront jaloux
des faveurs que sur vous
sa bonté va répandre.
Nymphes & vous, Sylvains, venez, acourez tous,
ou craignez son courroux.

Opéra d'Atis, I Acte, I Scène.

Les Nymphes *&* *les* Sylvains *entrent sur sur la scène, & dansent une Entrée; ensuite les trois* Grâces *portent une couronne de fleurs à chaque Déesse: elles forment un cercle autour de* Vénus,

nus, à laquelle Aglaé, *l'aînée des* Grâces, *donne une ceinture de diamans, que l'*Amour (*qui traverse le Théatre d'un vol rapide*) *vient de lui tendre à la dérobée.* Junon & Pallas *affichent la dignité;* Vénus *minaude en arrangeant son ceste & regardant* Pâris, *que les* Grâces *vont prendre par la main, & qu'elles placent sur le trône.*

EUPHROSINE, *une des Grâces.*

Heureux Berger! le Destin aujourd'hui vous met audessus des Rois.

THALIE, *une des Graces.*

Ils sont esclaves de la Beauté, Pâris; & vous règnez sur elle.

AGLAÉ.

Bannissez la Honte; j'emmène avec moi la Pudeur. (*avec grandeur*) Lorsqu'une Déesse montre tout, adorez, Mortels: le desir n'est pas fait pour vous.

EUPHROSINE *souriant.*

Il s'échappe pourtant quelquefois.

IRIS.

Je me retire aussi: les Femmes d'une Belle savent toute sa beauté par cœur. [*Les* Grâces *& les* Nymphes *se retirent*].

III SCÈNE.

PÂRIS, les trois Déesses: MIMÉTON *dans l'éloignement avec* LYCORIS.

PÂRIS *descend du trône tout confus, & y laisse la Pomme d'or.*

DÉESSES, ôserai-je?....

JUNON, *avec douceur.*

Approchez, Pâris.... Quoi! faudra-t-il vous dire de quitter cet air d'embarras! un charmant Jeune-home, tel que vous, le garde toujours mal à-propos auprès des Belles.... (*avec majesté*) Vous pouvez prétendre à la fortune la plus haute: je vous apprens que vous êtes fils de Roi.

PALLAS.

Et d'un Roi dont je protége l'empire. Le Palladion est le plus sûr rempart de la ville de Troie.

PÂRIS.

De Troie! Dieux! je serais fils de Priam!

VÉNUS, *grasséyant agréablement.*

N'en soyez pas moins modeste, Pâris: cette honnête & séyante rougeur, qui couvre votre front ingénu; ce regard doux & timide, sont le charme le plus séduisant de la Jeunesse.

Les Déesses expriment par un jeu muet

l'action de ſe céder le pas. Junon *paſſe enfin la première : elle ôte la gaze qui la couvre*].

IV SCÈNE.

MIMÊTON *s'avance ſur le bout du piéd à l'entrée de la couliſſe, du côté opposé à celui des Déeſſes, en tenant* LYCORIS *par la main : ils rempliſſent les ſilences qu'exigent les petites façons des Déeſſes.*

AH ! Chicorée! les jolies choses! je crois que ce ſont des Pourlipoupées ?... Les jolies Pourlipoupées !

LYCORIS, *à-demi-voix.*

Elles ſont faites comme de cire : c'eſt trop beau ; ça n'eſt pas naturel.

MIMÉTON.

La jolie Chicorée n'eſt donc pas comme ça ?

LYCORIS.

Chacun vaut ſon prix.

MIMÉTON *la lutinant.*

Voyons ! voyons !

LYCORIS.

Veux-tu finir. S'ils nous apercevaient! (*à-part*) Dame, monſieur Pâris !... on ſe l'arrache ! (*ils ſe cachent, & regardent de temps-en-temps*).

[*Durant l'examen de ses Rivales;* Vénus *assise fait des nœuds;* Pallas *debout est toujours en action;* & Junon, *après sa danse, reprend son voile de gaze, & va se mettre à-côté du trône, où elle reste grâvement assise dans un magnifique fauteuil*].

V SCÈNE.

JUNON *comence une danse majestueuse.*

N'OUBLIEZ rien: je dépose toute ma fierté, Pâris: c'est le juge de sa beauté que voit en vous la Souveraine de l'Olympe. Examinez; Jupiter l'ordonne.

PALLAS, *donnant son casque, son égide & sa lance à* Pâris.

Et moi, je quitte ce formidable appareil, l'effroi du vice & des méchans; c'est la Sagesse aimable, & toute nue que je veux offrir à tes regards. Pâris, couvre-toi de cette armure; elle préserve de la séduction.

JUNON.

Quelle attitude faut-il prendre! parlez.

PÂRIS *quitte la lance & l'égide, pour guider un moment la Déesse, qui fait les mouvemens les mieux dévelopés.*

Dieux! que d'attraits !... Voyons... Ma ſurpriſe augmente....

JUNON, *prolongeant une attitude aiſée.* Je ſais que vous aimez, Pâris: Eh bien? ... Œnone me vaut-elle ?

PARIS *la ſuivant tandis qu'elle danſe.* Pour décider cette nouvelle queſtion, Déeſſe, il faudrait... qu'aimé... de vous, ... j'en euſſe reçu les preuves qu'Œnone m'a données de ſa tendreſſe... alors... je ſentirais ſi vous l'emportez en tout.

JUNON, *dans l'attitude précédente, & lui mettant ſon doigt ſur la bouche.* Taisez-vous, étourdi; ces propos-là ne ſe tiennent que dans le tête-à-tête.

PALLAS *à* Vénus.

Ne trouvez-vous pas que Junon détaille longtemps ?

VÉNUS.

Il faut employer tout-entier le moment qui ne doit plus revenir. (Junon *ſe donne des airs gracieux*).

PALLAS.

Oh! elle m'impatiente: voyez, voyez ces mines!

PARIS.

Je ſuis enchanté, belle Déeſſe, extasié, ravi.

PALLAS *à* Junon.

Cet éloge eſt auſſi flateur que mérité;

Déesse. Mais, vous, Prince, songez qu'avant de décider, il faut entendre toutes les Parties.

PÂRIS *souriant en-dessous.*

La commission est trop agréable, pour que je cherche à l'abréger.... Déesse, c'est votre tour.

PALLAS *prenant la place de* Junon.

Desir de l'emporter, où me réduis-tu! moi, la Sagesse en personne naturelle! moi, Fille, & de plus ayant .... ce qu tant de Filles n'ont plus .... me laisser voir, ma.... par un Jeune-homme .... déployer devant lui.... comme une Danseuse du futur Opéra....

PÂRIS.

Déesse, si la Pudeur ne vous permettait pas.....

PALLAS *aigrement.*

Tête légère! oubliez-vous que les Grâces l'ont enmenée? (*elle prélude*).

PÂRIS.

Ébloui, troublé, je n'y pensais plus.

PALLAS, *à laquelle une des* Muses *apporte d'autres armes.*

Profitez bien de son absence, & ne ménagez rien. (*elle commence une danse guerriére*. Pâris *armé figure avec elle*.

PÂRIS *s'arrêtant.*

Quels contours !... Oui, Déesse, vous êtes ma foi.... d'honneur .... en-vérité .... vous êtes tout ce que vous venez de dire.... mais quel dommage !... Que ces appas... sont appétissans !.... que ne suis je un Dieu !... car attraits de Déesse ne sont pas faits pour un Mortel.

PALLAS *s'intérompt & regard* Vénus.

Pourquoi non ? Je vois d'ici quelqu'un.... Dans l'Olympe même, Hercule & la jeune Hébé....

PÂRIS.

Ah ! je ne suis pas un Hercule, Déesse ; & jamais comme lui je ne pourrai me vanter.... Songez donc bien, divine Pallas, cinquante .... en une nuit !... c'est-là, sans doute, ce qui prévint en sa faveur la connaisseuse Hébé.

PALLAS *reprenant sa danse*

En-vérité, vous m'auriez fait rougir, avec vos cinquante, si la Pudeur....

PARIS

Elle est au fond de votre âme, belle Déesse ; vous rougissez, & n'en êtes que plus ravissante. [*Il figure avec la Déesse, qui s'anime, & déploie toute sa vigueur.*]

PALLAS *se retirant.*

Enfin m'en voila quitte. (*à* Vénus) Je ne vous ai pas ennuyée comme Junon?

VÉNUS.

Ni Junon, ni vous. Des Déesses aussi parfaites charment les yeux, & n'ennuient pas.

VÉNUS *se lève, & s'arrête à moitié chemin.* (*à* Pâris).

Mais, qu'est il nécessaire? vous voyez? (*elle regarde tendrement son Juge.*)

PARIS.

Belle Déesse, je desire de voir, & ne voit rien encore.

[*Il tire un côté du voile, retenu par le ceste;* Vénus *le laisse négligemment tomber, & le relève précipitamment de l'autre côté, mais en feignant beaucoup d'embarras, & se défendant mollement.*

VÉNUS, *du ton de l'ingénuité la plus touchante.*

Quoi!... prétendriez-vous?... Je n'y puis consentir. (*du ton d'une Jeune-personne que des libertés effraient*) Aglaé, Thalie, Euphrosine! chères Compagnes, ramenez la Pudeur. [*Les* Grâces *reviennent avec la* Pudeur, *en Jeune-fille,*

fille, couverte d'une étofe cérise-vif, qui la cache entièrement].

PALLAS *à* Junon.

Elle rappelle les Grâces!

PÂRIS.

Ah Déesse!... souffrez... permettez... O ciel! que d'attraits!... (*arrachant le voîle que la* Pudeur *retient*) Il tombe, en dépit de la Pudeur.

VÉNUS, *avec un fin sourire.*

Pâris, ménagez... Non, j'aime mieux céder le prix à mes Rivales.... Cependant, quel mortel est plus digne que vous... Adonis était moins beau... Mars, Mars lui même avait l'air moins fièr, moins grand, que vous ne l'avez sous ce casque. [*en achevant ce couplet,* Vénus *prélude.*] *S'arrêtant:*

Danserai-je la belle Danaé, recevant Jupiter en pluie d'or; ou l'Enlèvement de la naïve Europe; ou-bien l'Avanture plus récente du Cygne amoureux de Léda? C'est à Junon de choisir.

JUNON *piquée.*

Déesse, prenez mieux votre sujet; & dansez, ou la belle Psyché surprenant l'Amour endormi; ou, si vous l'aimez mieux, peignez-nous l'émotion de Vénus, lorſque pour la première-fois elle vit Adonis ; ou, ſon embarras, lorſqu'à la face des Dieux, elle fut envelopée avec Mars dans les filets d'un Époux irrité.

VÉNUS *ſouriant.*

Vous avez raison : Que Pâris représente Adonis : il en a l'âge & les charmes.

[*La Déeſſe commence une Danſe tendre ;* Pâris *quitte le caſque & l'égide ; il prend un arc, s'aſſiéd ſous un arbre, & feint de dormir.* Vénus *exprime à ſa première vue, la ſurprise, l'émotion, la tendreſſe ; le faux* Adonis *s'éveille :* Vénus *traverſe le Théâtre en fuyant, & laiſſe tomber ſon ceſte, que le jeune Chaſſeur ramaſſe.* Vénus *revient, en marchant comme une Fille inquiète & desolée qui cherche quelque chose.* Adonis *vole audevant d'elle ; mais frappé de l'éclat qui l'environne, il demeure interdit. Il présente la précieuse ceinture :* Vénus *la reçoit, s'en pare, & continue de danſer voluptueusement, en fesant à* Pâris *quelques agaceries. Le Jeune-homme eſt hors de lui : ſes geſtes marquent la tendresse, le desir & l'admiration. Il s'approche de* Vénus, *qui fuit d'abord, mais en se retournant, pour le regarder avec passion. Enfin elle s'arrête; il tombe à ses genoux, &* Vénus *lui montre la grote, en lui fesant entendre que c'est le lieu d'un rendez-vous.*]

PÂRIS *en se relevant, bas à* Vénus.

Ah Déesse, vous réunissez tous les charmes de vos Rivales, & je vous en trouve qu'elles n'ont pas.... (*haut*) Mais que suis-je pour prononcer entre des Déesses si belles?

JUNON & PALLAS.

Il le faut pourtant.

PARIS *donnant la Pomme à* Vénus.

Voila mon arrêt.

JUNON & PALLAS.

Le lâche! | L'insensé!

[*Les deux Déesses lancent un regard foudroyant sur* Pâris: Minerve *lui arrache son casque & ses autres armes, qu'il vient de reprendre; elles remontent dans leurs machines;* Vénus *demeure.*]

VI SCÈNE.

PÂRIS, *d'un* LYCORIS, *de* VÉNUS, *côté,* MIMÉTON, *l'autre.*

MIMÉTON *s'avançant un-peu.*

AH, Chicorée! Pâris n'est pas un sot: ou j'aurais mangé la Pomme, ou je l'aurais donnée à mademoiselle Vérue.

La DISCORDE *monte de dessous le Théatre, suivie des trois* FURIES; *elles dansent avec leurs torches:* MIMÉTON *tremblant, met* Lycoris *devant lui, & se baisse derrière elle, en s'écriant:*

Mademoiselle Chicorée! je tremble.... cachez-moi....

LYCORIS *voulant s'enfuir.*

Aye! ... Vous êtes bien courageux, monsieur Miméton! aulieu de me défendre...

MIMÉTON.

Eh paix-donc, mignone! comme vous êtes jolie, ils vous épargneront, pour vous mettre femme-de-chambre auprès de madame Pintepourchopine. (*à-part*) Ou-bien, comme elle est appétissante, ils la mangeront la première.

[Lycoris *renverse* Miméton *& s'enfuit: ce dernier se relève étourdi, & va se jeter au milieu des* Furies, *qui le frappent de leurs serpens.*]

MIMÉTON *à genoux.*

Douces Furies, agréables Euménides, concordante Discorde, ayez pitié d'un pauvre diable, qui vous en sera bien obligé. [*Les* Furies *s'éloignent en fesant leurs évolutions :* Miméton *demeure seul un moment à genoux.*]

Vénus *tient* Pâris *par la main, & le fait asseoir avec elle sur le trône.*

VII SCÈNE.

Les mêmes. L'AMOUR *qui sort de sa machine, met en-fuite la* Discorde *& les* Furies.

MONSTRES, disparaissez... (*il chante*)

Tout ce que j'attaque se rend ;
tout cède à mon pouvoir extrême ;
j'enchaîne quand je veux le plus fier Conquerant,
& j'abaisse à mon gré la Majesté suprême.
Dans le Ciel, Jupiter même,
suit mes loix en soupirant :
plus un cœur est grand,
plus il faut qu'il aime.

Ballet du Triomphe de l'Amour, IXe Entrée.

Comment ôsait-on disputer à la Beauté le prix de la beauté !... Pâris, ou plutôt Alexandre (car c'est ton nom) les Dieux applaudissent au Jugement que tu viens de rendre ; Jupiter lui-même est charmé qu'on abaisse l'orgueil de sa jalouse Moitié, la morgue de la hautaine Pallas....

MIMÉTON *se relevant.*

Et moi aussi. (*il s'enfuit.*)

L'AMOUR *continue sans s'intérompre.*

Parce que cette Guerrière ôte toujours la vie sans la donner, on lui devrait des égards ! Par-le-Styx, j'en empêcherai bien ! La vertu consiste à porter tout le faix que le Destin impose ; qui s'en exempte, & ne suit pas.... (*en souriant*) au-moins l'étendard de l'Amour, est criminel & punissable.

VÉNUS.

Cette morale est fort belle : si je ne me trompe, elle sent un-peu la moderne Philosophie, qui dans trois mille ans doit éclairer l'Europe. Mais il n'est pas question de Philosophie ; je veux recompenser Alexandre-Pâris, & je consulte l'Amour.

L'AMOUR.

Que le présent soit digne de vous : la plus belle des femmes doit être le prix..

VÉNUS.

C'est aussi ma promesse : mais sur qui jeter les yeux ?

L'AMOUR *bas à* Vénus.

Hélène, fille de Léda.....

VÉNUS *lui mettant la main sur la bouche.*

Je l'ai déja pensé : mais puisque l'Amour m'approuve, que lui-même applanisse les difficultés, en attendrissant le cœur de cette Belle. Et pour donner au jeune Prince une idée du bonheur qui l'attend, formez de ce nuage une image parfaite de celle qu'il doit posséder. [L'Amour *anime le nuage dans lequel il est venu, qui prend la forme de la belle* Hélène, *reine de Sparte.*

VIII SCÈNE.

[*On voit derrière* Hélène *l'autel de l'*Hyménée, *entouré de flambeaux alumés*].

HÉLÈNE *danse, & vient agacer* Pâris: Vénus *lui donne un flambeau: elle va pour l'alumer à l'autel de l'*Hymen; *mais la* Discorde *avance sa torche par-dessous l'autel, & trompe* Hélène: *dès que la Reine de Sparte a présenté ce gage à* Pâris, *la* Discorde *s'élance sur la scène, y fait quelques tours, en grimaçant le rire, & s'enfonce au commandement de l'*Amour. Hélène *continue de danser.*

HÉLÈNE *chante.*

Que l'Amour a d'attraits,
Lorsqu'il commence
A faire sentir sa puissance!
Que l'Amour a d'attraits,
Lorsqu'il commence
Pour ne finir jamais!

(*Air de l'Opéra d'*ATYS, *III Acte, IV Scène.*)

PÂRIS, *d'un ton animé.*

Ce n'eſt pas Œnone!... Œnone eſt moins belle...... Dieux! que d'attraits! ... O Dieux! que je vais l'aimer!

[*Durant ce couplet,* Hélène *ſe retire inſenſiblement vers le nuage, en figurant toujours :* Pâris *veut s'approcher pour la retenir : à l'inſtant le nuage envelope* Vénus, Hélène *&* *l'*Amour, *ainſi que l'autel : la grote où ſommeille* Œnone *ſe trouve en place, & cette Nympe s'éveille.*

IX SCÈNE.

ŒNONE, PÂRIS.

ŒNONE *ſans voir* Pâris. (*avec horreur*)

QUEL ſonge affreux!... Pâris!... il m'en impoſait!... Il eſt infidèle!... Je viens de le voir... une Hélène, dont le nom m'eſt inconnu, étalait à ſes yeux de perfides appas..... Il eſt Prince! il eſt fils de Priam! les Songes me l'ont appris par l'ordre de Vénus... Mais, & j'en friſſonne encore, d'autres, envoyés par Junon, m'ont fait voir ma Rivale une torche à la main... Troie toute en flâmes... des femmes, des enfans maſſacrés... & Pâris... noyé dans ſon ſang....

(*apercevant* Pâris, *qui cherche à s'éloigner*) Cher Amant, ou plutôt cher Prince, venez me rassurer.

PÂRIS.

Il est vrai; jamais rien d'aussi beau.......

ŒNONE.

Si mon songe est vrai, que Vénus est adraite! & que ne l'ai-je imitée! elle aiguise le desir; elle l'irrite, le caresse, le reprime, le renouvelle, & ne le comble jamais.

PÂRIS.

Vénus est trop belle, pour avoir besoin du secours de l'art.

ŒNONE.

Il est plus nécessaire à la beauté qu'à la laideur. Sans être Déesse, Pâris, je suis belle; & plus d'une fois mes pareilles ont enflâmé des Dieux: Mais sans l'art qui rend une Beauté toujours nouvelle, il n'est point de Nymphe qui puisse conserver une conquête.

X SCÈNE.

ŒNONE, PÂRIS, VENUS *sous les habits de* LYCORIS, MIMÉTON, Troupe de Bergers & de Bergères *du mont Ida.*

VOUDRIEZ-VOUS que je consentisse à languir dans l'obscurité?

ŒNONE.

Le bonheur qui n'est point envié n'en est que plus sûr & plus doux.

Un Berger *dans la couliſſe.*

Que les Mortels ſe réjouiſſent.
Que les plaintes finiſſent.
O l'heureux temps !
où tous les Cœurs ſeront contens.

Une Bergère *ſuivant une danſe.*

Qu'il eſt doux d'aimer ſans peines !
Quel plaisir d'aimer en paix !
L'Amour fait ici des chaînes
qui charment trop pour les briser jamais.

Une autre Bergère.

Dans ces lieux, tout rit ſans ceſſe ;
l'Amour veut rire avec nous.
C'eſt un jeu quand il nous bleſſe,
nous ne ſentons que ſes traits les plus doux.

Prologue de Phaéton.

Un Berger *dans la couliſſe.*

L'Amour fait trop verſer de pleurs :
ſouvent ſes douceurs ſont mortelles :
il ne faut regarder les Belles
que comme on voit d'aimables fleurs.
J'aime les Roses nouvelles,
j'aime à les voir s'embellir,
ſans leurs épines cruelles,
j'aimerais à les cueillir.

Atys, I Acte, III Scène.

VÉNUS, *crue* Lycoris, *arrive précipipitamment, ſuivie de* Miméton.

Tandis que vous ſoupirez auprès de

cette Nymphe, vous perdez l'occasion de vous signaler. Sachez, qu'il se donne à l'heure même un superbe Tournoi dans la Ville : Tous ceux qui se sentent du courage y sont invités. Vous, qui, malgré votre jeunesse, surpassez dans nos Jeux tous les Bergers du mont Ida, partez, Alexandre, allez mériter des lauriers plus dignes de vous.

MIMÉTON *à-part.*

Chicorée parle comme un Hector !

ŒNONE *à* Pâris *qui s'enflame.*

Où voulez-vous courir ?

La fausse LYCORIS.

L'Amante d'un Héros doit étayer dans son cœur & l'honneur & la gloire; qui cherche à l'amolir, est indigne de le fixer.

MIMÉTON.

C'est une tranche de Déesse que mam'-selle Chicorée !

ŒNONE.

Eh-quoi ! Lycoris, toi-même... En croirai-je mes soupçons... Est-ce une rivale...?

VÉNUS *souriant avec fierté.*

Non. (*à* Pâris) Partez. (*à* Œnone) Et vous, venez. [*Un nuage cache* Pâris, *qui s'éloigne*].

TROISIÈME ACTE.

Le Théatre représente les mêmes lieux où s'est passé le I Acte.

I SCÈNE.

La fausse LYCORIS.

BERGERS & Bergères, que nos amusemens suspendent les ennuis de cette Nymphe charmante.

[*Les* Bergères *entourent* Œnone, *qui jète autour d'elle des regards tristes & distraits. Les* Bergers *dansent une Pantomime, qui représente le Tournoi. Celui qui fait* Pâris *y remporte la victoire sur* Hector *].

On entend derrière la scène une douce symphonie. Une voix y chante :

Venez, jeune Héros; la victoire est à vous,
votre valeur & Vénus vous la donnent;
la Gloire & l'Amour vous couronnent;
Fut il jamais un triomphe plus doux!
Venez, jeune Héros, la victoire est à vous.

Fin de l'Opéra de Persée.

II SCÈNE.

Les mêmes. Un GARDE *du Roi de Troie.*

BERGERS, prenez part à la gloire de votre Compagnon : il vient de paraître

* *Cette Danse est dans le genre des Pyrrhiques.*

au Tournoi que donne le Roi Priam, & sa valeur l'emporte sur le grand Hector lui-même. Ce Prince alait l'en punir: tout-à-coup le Vainqueur s'approche de son oreille, il lui parle: O prodige! ils s'embrassent, & des larmes coulent de leurs yeux: Hector conduit au Roi son glorieux Adversaire, & devient son appui. Cependant le Monarque me dépêche pour demander le vieillard Archelaüs, qui, dit-on, éleva ce jeune Berger, & passe pour son père. Priam vous ordonne de m'aider à le découvrir. Pour le rassurer, dites-lui que la Reine Hécube elle-même consent à son retour. [*Les* Bergers *sortent pour aler chercher* Archelaüs].

III SCÈNE.

Les mêmes.

MIMÉTON *à la fausse* Lycoris.

AH-ÇA, vous voyez que Pâris est à-présent trop grand-seigneur, pour..... Alons, il faut m'aimer un-peu. Pâris étant grand seigneur, je vais devenir petit-seigneur, moi; & vous voyez bien ... La jolie menote!... qu'elle est bien... lavée!... (*il veut prendre la main de*

Vénus, *pour la baiser; la Déesse la retire, en le regardant avec dignité.*] (Miméton *interdit*) Oh ! je la vais laisser, je la vais laisser... Vos yeux sont... comme... des tonnerres... Je cours chercher mon Maître.

ŒNONE *à la fausse* Lycoris.

Je connais d'aujourd'hui tout ce qu'est Pâris : mon choix est justifié. Félicite-moi, chère amie ; ce jeune Héros.... Mais je l'aperçois lui-même.

Chœur des BERGERS & BERGÈRES.]

Suivons ce Héros, suivez-nous ;
Jeux innocens, rassemblez-vous.
Règnez dans une paix profonde.
Rapelez l'heureux temps de l'enfance du monde.
Jeux innocens, rassemblez-vous ;
Reprenez pour jamais les charmes les plus doux.

Prologue de Phaéton.

DERNIÈRE SCÈNE.

Tous les Acteurs, *à l'exception de* Junon, Pallas *&* *l'*Amour.

MIMÉTON *à* Archelaüs, *qui rentre du côté opposé à* Pâris.

OUI, Monsieur ; & la Reine Incube vous demande aussi.

PÂRIS *à* Archelaüs.

Respectable Vieillard, venez rendre témoignage à la vérité : le Roi vous attend.

ARCHELAUS *avec un soupir.*

Pâris !... (les Dieux ont rendue vaine notre prudence, Lycoris vient de me l'apprendre) vous êtes fils du Roi : j'avais trompé votre Père, & la Reine elle-même, qui me chargea de votre conservation. C'est tout ce que je puis vous dire ; Hécube & Priam savent le reste, & vous devez l'ignorer. (*à - part*) Dieux ! voila donc ce que j'ai craint !.. O mon pays !...

ŒNONE.

Prince, je prends part à votre triomphe, & m'applaudis...

PÂRIS.

Dois je vous l'apprendre, chère Œnone ? ce triomphe nous sépare. Le Roi devait honorer le Vainqueur d'une Ambassade auguste : il s'agit de redemander la Princesse Hésione, ma tante, ou de la délivrer des mains de Télamon. La victoire m'a designé ; je vous quitte pour servir la nature, & courir à la gloire.

ARCHELAUS *à-part.*

C'en est fait ; il est perdu !

LYCORIS *arrive en courant.* (*à* Œnone)
Je viens vous dire... (*elle s'arrête, surprise de voir* Pâris & *la fausse* Lycoris.

VÉNUS *se découvre, en jetant sa mante, pareille à celle de* Lycoris.

Bannissez les craintes que je lis dans votre cœur, Archelaüs. (*à* Œnone) Nymphe, donnez quelques jours à vos adieux; Vénus, belle Œnone, tarira vos larmes.

ŒNONE & MIMÉTON.

Dieux! c'était Vénus!	Je ne m'étonne plus qu'elle fît tant la sucrée! (*il se soufflète*) On vous donnera de la Déesse!

on vous en donnera, mons Marmiton!

VÉNUS.

Et vous, Archelaüs, allez dire à Hécube, que Vénus protége son Fils.

MIMÉTON *en hésitant.*

Déesse... si complaisante... (à ce qu'on dit) pour tout le monde... ne ferez-vous donc rien pour le pauvre Marmiton?

VÉNUS.

Les Dieux écoutent les vœux des plus vils mortels, comme ceux des Rois. Parle, Miméton.

MIMÉTON.

Dans ce cas-là, cette gentille Chicorée.....

VÉNUS.

Je connais les motifs des avis qu'elle donnait à Œnone: unir à Miméton une Fille qui prétendait à Pâris, c'est la punir & te recompenser. La Justice & la Bonté sont les vertus des Dieux.

Tous se retirent.

ARCHELAUS *seul.*

Quelle dangereuse Protectrice! O Jeunes-gens qui débutez dans le monde, ne faites pas comme Pâris; préférez Minerve à Vénus; & dans le choix d'une Épouse, la sagesse à la beauté!

FIN.

SUR

L'AMBIGU-COMIQUE.

Si le Plaisir êt nécessaire à l'Homme; s'il *êt le baume de la vie*, comme le dit *Young*, nous devons de la reconnaissance à ceux qui nous le procurent. Ce motif, & non l'intérêt, m'engage à placer ici quelques Idées, & des vues neuves sur le *Théâtre-des-Enfans*. Il n'êt pas une âme sensible, qui ne voulût plaider la Cause de Ceux dont la bouche naïve fait déja s'exprimer pour nous plaire; mais dont l'innocence doit ignorer l'art de se défendre.

L'*OPÉRA* veut danser exclusivement: l'on prétend avilir, abâtardir le *Théâtre-Éphébique* (*), en l'empêchant d'atteindre le vrai genre d'Imitation; aulieu de l'envisager comme une pépinière d'excellens Sujets, propres à recruter un jour la Troupe ga-

(*) Signifie tout-à-la-fois, *Théâtre où jouent des Enfans*, & *propre à divertir la Jeunesse*.

lante qu'épuise le double culte du dieu qu'on célèbre au Théâtre - lyrique. J'imagine que ce ſera bien-mériter des brillans Nourriſſons de *Calliope* & de *Terpſichore*, des Enfans de *Melpomène* & de *Thalie*, de ces charmans Arietteurs dont *Euterpe* accompagne les accens, & du Public encore plus, ſi je démontre que le *Néomime* (*) intelligent qui dirige l'*Ambigu-Comique* pourrait, ſans inconvénient, être circonſcrit dans des bornes moins étraites; Que ſon petit Spectacle eſt une de ces inventions heureuses, dont l'utilité peut s'étendre & devenir générale, ſans nuire aux autres Genres-dramatiques; Qu'il ſerait avantageux d'exercer les Acteurs-Enfans dans la bonne Déclamation, la Danſe & le Chant, en-tant que ces trois choses reſteraient proportionnées à leur âge, à leurs diſpositions, à leurs talens; Enfin que ce Spectacle ſemble fait pour un ſiècle, où domine le goût de rendre la Jeuneſſe précoce de toutes les manières.

(*) *Imitateur dans un genre nouveau.*

L'ON a déja proposé quelques vues pour le *Théatre-Éphébique* dans la Note [N] de la *Mimographe* (1); mais il faut entrer ici dans de plus grands détails, & le considérer également dans ce qu'il êt, & dans ce qu'il devrait être, si le *Néomime* avait eu la liberté de suivre l'impulsion de son génie.

NOTICE ABREGÉE de l'AMBIGU-COMIQUE.

EN 1769, un Homme connu, distingué par ses talens (2), établit sur le Boulevard un Spectacle d'un genre nouveau (3), sous la dénomination d'*Ambigu-comique*, & de *Comédiens-de-Bois*. Les choses plaisantes qu'il fit débiter à ses Marionnettes, & le jeu d'un Enfant, que sa taille appariait avec elles (*), attirèrent toute la Ville. Les succès étendirent les vues d'un Homme industrieux, & capable de former la Jeunesse dans un Art qu'il connaît parfaitement :

(*) Le Petit-Arlequin.

il joignit à ſes Comédiens-de-Bois, des Acteurs propres à donner un genre de plaisir délicieux, & pour quî le Public devait prendre des entrailles de Père; il fit jouer des Enfans. Mais qui peut apprécier les peines, les ſoins, le talent qu'il fallait au *Néomime*, pour amener ces Acteurs au point où nous les voyons? On ôse dire, qu'il était le ſeul Homme de notre ſiècle, capable de les former, puiſque de tous ceux qui l'ont tenté, dans la vue de l'imiter, aucun n'a réuſſi. Les ſuccès des Enfans ſont donc le bien du Directeur; ils ſont le fruit de ſon application, de ſa capacité; l'en priver, ſerait commettre l'action injuſte, qui dépouille un Artiſte de l'honoraire mérité par la beauté de forme qu'il donne à ſes ouvrages.

Au *Jeu parlé*, le *Néomime* ne tarda pas de joindre cet art enchanteur, où l'Acteur s'exprime par les mouvemens de toute ſa perſonne; je veux dire, la Danſe: nouveau travail, dont il n'êt dédommagé que par les excellentes dispositions de quelques jeunes Élèves. Mais enfin, la saison de recueillir êt arrivée. C'est dans ce moment, que le Théâtre-lyrique veut étouffer le talent dans sa naissance, en l'empêchant de briller, & d'être recompensé.

TÂCHONS d'éclairer nos Acteurs sur leurs véritables intérêts; surtout fesons leur entendre, que leurs droits, toujours subordonnés à ceux du Public, peuvent quelquefois n'être pas reclamés avec décence : & pour remplir ces deux vues, considérons le *Théâtre-éphébique* sous tous les aspects; dans ses *Acteurs* & ses *Pièces* actuelles; le *peu d'étendue de la Salle*, & le *Prix des Places*; dans l'*avantage de former des jeunes Sujets*, *à la portée des grands Théâtres*; enfin, examinons *Quel est l'intérêt du Public dans cette affaire.*

PREMIER POINT-DE-VUE.

Les Acteurs.

L'ART imitatif est fait pour la Jeunesse; on l'a dit, & je le crais (4) :

mais l'imitation se borne en elle à de petits effets ; les Enfans peuvent *singer, imiter* comiquement, & non *représenter*, en donnant à la signification de ce dernier mot, toute l'étendue dont elle êt susceptible : leur genre sera toujours extrêmement different de celui des hommes faits ; ils exquissent, ils crayonnent ; nos Acteurs & nos Actrices célèbres (5) expriment avec noblesse ; leur touche mâle ou délicate, réunit la vérité, les grâces, le coloris & la majesté ; c'est un tableau fini qu'ils nous présentent. Et des Enfans les feraient négliger ! on ne le redoute pas : les Elèves du *Néomime* ne peuvent que délâsser, varier, & même réveiller le goût pour l'imitation noble.

J'EN appèle aux Amateurs de nos Spectacles dramatiques ; n'ont-ils pas éprouvé, toutes les fois qu'ils ont vu l'ombre de l'Art imitatif dans de mauvais Acteurs, ou dans des Enfans, un desir, une soif (si l'on peut s'exprimer ainsi) du véritable *Mimisme* ? Il n'êt pas de meilleure recette pour ranimer notre goût, lorsque les fréquentes répétitions des Pièces l'ont émoussé ; des Comédies *usées*, mais soutenues par un parfait *actricisme*, font alors une sensation aussi vive que la nouveauté. Semblables au Voyageur, qui visite avec plaisir les Pays étrangers inférieurs au sien, & qui revoit ensuite avec de plus doux transports son heureuse Patrie ; nous nous amusons quelquefois ailleurs qu'à nos excellens Théâtres ; mais notre raison êt toujours pour eux ; nous leur réservons notre hommage & notre tribut journalier.

Si l'on appréciait desintéressément les Petits-acteurs du *Néomime*, tant pour l'*actricisme* que pour la *Danse* & la *Pantomime*, il résulterait de cet examen qu'ils ne fixent exclusivement que deux sortes de personnes : 1.^{nt} ces Ames bonnes, indulgentes, toujours prêtes à s'attendrir, à s'intéresser ; que la Tragédie, les Drames modernes sur-tout déchireraient, & qui parconséquent n'y vont pas : 2.^{nt} les génies ſuperficiels, pareſſeux; ces Épicuriens-égoïſtes, qui veulent qu'on les divertiſſe, ſans les appliquer & ſans interompre leur deſœuvrement: Or il eſt de fait que les vraies beautés de nos grands Théâtres ne captiveront guères cette eſpèce-là, qui leur préférerait les Caffés, les Académies (& pis encore), ſi le Spectacle ſingulier de l'*Ambigu-comique*, la Compagnie qu'ils y trouvent, & la liberté dont ils y jouiſſent, ne les attirait pas.

M'OBJECTERA-T-ON que je parle ici contre le *Néomime*? L'on changera de langage, ſi l'on réfléchit un moment ſur les raisons qui font tolérer par un Gouvernement éclairé, les *Guinguettes*, les *Billards*, les *Académies* & les *Musicos*. Tous ces endraits ſont fréquentés par de mauvais Citoyens; mais qui s'occuperaient beaucoup plus dangereusement, s'ils n'y trouvaient pas un plaisir conforme à leurs diſpositions. La Patrie eſt une tendre Mère, qui veut le bonheur de tous ſes Enfans, au moindre dommage possible (6). Mais le *Théâtre-éphébique* est un établissement qui ne peut être comparé qu'avec les plus honnêtes ; si l'on en abuse quelquefois, c'est parce qu'on peut abuser de tout. Je me réserve de prouver son utilité générale, dans le cinquième Point-de-vue. Je reviens aux Acteurs-Enfans.

LE *Petit-Arlequin* : Sans-doute cet Enfant a du mérite, & surtout la convenance de conformation ; la Nature semble l'avoir fait exprès pour vieillir sur le *Théâtre-éphébique* : mais son jeu présent êt-il assez fin, assez intelligent, pour dédommager un Connaisseur des *nullités* qu'il débite ? A-la-vérité, les Ames bonnes, dont j'ai parlé, goûtent à le voir un plaisir infini ; les autres causent, lorgnent, & ne l'écoutent pas.

LE jeune Acteur, connu par ses rôles d'*Abbés* (qu'il rend passablement pour son âge) fait depuis quelque temps, de rapides progrès ; mais il grandit, & bientôt il ne va laiſſer au *Néomime* que la ſatisfaction de l'avoir formé.

CE qui plaît dans le *Criſpin*, ce ſont les diſpoſitions qu'il annonce pour les rôles de ce genre : mais la montre de ces diſpoſitions dans le lointain, êt le ſeul avantage qu'en peut eſpérer le Directeur.

JE ne parlerai point du petit *Mézetin*, qui n'a de mérite que ſa jeuneſſe, & quelque facilité ; de celui qui fait les rôles de *Père*, dont le talent actuel ſe borne, à-peu-près, à danſer très-comiquement le *Menuet-couleur-de-rose* (7) ; du petit *Pierrot*, qui remplit auſſi les rôles de *Batelier ;* de Celui qui vient de jouer dans le *Gourmand*, qui fait quelques rôles à baguette ou ridicules ; & de tous les Autres, qui s'acquittent de ceux qu'on nomme *néceſſaires ;* chacun de ces Enfans a quelque chose pour lui ; ſans doute ils feront Acteurs ; mais le Directeur a ſu découvrir le talent, en échauffer, en déveloper le germe ; c'êt lui qui juſqu'à-préſent a joué dans ſes Élèves.

Paſſons aux Actrices du *Néomime*.

J'AVOUERAI que je ſuis prévenu pour quelques-unes d'entr'elles, dont les talens naiſſans m'ont plus d'une fois causé la ſurprise & l'admiration : cependant, je ne louerai guères ; j'apprécierai, d'après le cri général, & mes propres obſervations.

LA petite *Actrice* étonne ſans-doute par ſa jeuneſſe & ſon intelligence : mais la fineſſe même de ſon jeu doit s'éclipſer avec la première enfance : ſon *actriciſme* actuel reſſemble à la voix guiorante des Jeunes-gens ; la mue ſuccédera ; dans cette criſe, le *Néomime* ſera ſeul capable de la garantir du découragement, & de la rendre au genre qui lui conviendra.

LA petite *Colombine* paraît avoir des diſpositions décidées ; mais elle ne ſera jamais Actrice, ſi le *Néomime* ne l'éclaire : on lui voit rendre plusieurs genres avec des lueurs de talent; auquel ſera-t-elle propre ?

CELLE qui fait les Soubrettes & les Amoureuses ſera peut-être un jour une *Dangeville :* mais il y a quelques mois, qu'à peine on lui ſoupçonnait le germe du talent.

Il n'en eſt pas de même des deux petites Danſeuses, & l'éloge va s'échapper ici malgré moi : la Danſe voluptueuse, heurtée, décidée de la première (*), êt un don de la Nature, ſans doute ; don précieux, que l'art perfectionnera : la ſeconde (**) adopte le genre léger, & le Public en eſpère beaucoup. Mais (& ce *mais* revient ſouvent) le *Néomime* a trouvé brut encore le diamant qui doit briller un jour, (& donner des ſpectateurs à ſes Antagoniſtes).

Le Public accorde à toutes les autres du talent, des diſpositions ; mais ce talent & ces diſpositions ne ſont pas dévelopés ; elles ont les grâces & le goût ; leur préparation êt excellente, ainſi que celle des Acteurs : or, ſi l'on empêche le *Néomime* de les exercer chacun dans leur genre ;

(*) Mademoiſelle *Rivière.*

(**) Mademoiſelle *Durand.*

s'il êt contraint de les avilir par la baſſe-farce, leur talent va s'abâtardir : c'êt en jouant des Pièces propres à déployer un *actriciſme* noble ; c'êt en effectuant par des Danſes légères, ſi convenables à leur âge, des Pantomimes où règneront la fineſſe & l'expreſſion ; en-un-mot, c'êt en recevant des encouragemens du Public & de leur Directeur, qu'ils peuvent eſpérer de briller un jour ſur les grands Théâtres. *Baron*, le célèbre *Baron*, commença comme eux : exemple qui doit autant les encourager, qu'il fortifie les eſpérances du Public à leur égard.

SECOND POINT-DE-VUE.

Les Pièces.

MON deſſein n'êt pas de critiquer les Auteurs, & de déprécier formellement leurs ouvrages : l'on aurait mauvaise-grâce de leur reprocher certains défauts qu'ils ne peuvent ni ne doivent éviter. On a dit au *Nécmime* : —Vous ne jouerez que des Pièces faibles, & ſans intrigue ; qui ne contiendront que des frivolités ;

où l'on pourra mettre de l'esprit à la mode (c'est la plus médiocre espèce) & pas de sentiment (8)—. Une Pièce pour le *Théâtre-éphébique* êt donc aussi parfaite qu'elle peut être, & l'Auteur a réussi, dès qu'il a travaillé de manière, qu'en ne fesant pas ombrage aux grands Théâtres, il amuse les Spectateurs.

L'ON donne à l'*Ambigu-comique*, l'*Arbre-de-Cracovie*; * l'*Assemblée-des-Animaux*; *Arlequin-Suisse*; les *Audiences-de-Cythère*; * le *Bouquet*; le *Degré-des-Ages*; le *Dénicheur-de-Merles*; les *Étrennes-de-Polichinel*; *Faute-d'un-point*; les *Feseuses-de-modes*; la *Fête-du-Rampart*; la *Fontaine-merveilleuse*; * les *Fourberies-du-petit-Arlequin*; la *Guinguette*; l'*Ile-de-la-Frivolité*; le *Gourmand*; * *Il-n'y-a-plus-d'Enfant*; * *Isabelle-&-Léandre*, parade; le *Juge-de-Mêle*; le *Maître-d'École*; *Monaie-fait-tout*; *Narcisse*; les *Oies-de-Philippe*; l'*Ombre-vivante*; la *Petite-Famille*; le *Petit-Mariage*; le *Petit-Poucet*; le *Répertoire*; le *Retour-de-Polichinel*; le *Testament-de-Polichinel*; la *Veillée-Villageoise*, &c.

Et pour Pantomimes, *Acis-&-Galathée*; la *Belle-au-Bois-dormant*; le *Chat-botté*; les *Filets-de-Vulcain*; le *Magicien-de Village*; le *Pouvoir-de-l'Amour*; le *Triomphe-de-l'Amour-&-de-l'Amitié*, &c.

DANS quelques-unes des Pièces, il ſe trouve des choses plaisantes, qui viennent de l'Auteur : mais dans la plupart des autres, c'êt uniquement le jeu, non en lui-même, mais par des Enfans, qui donne un ombre de valeur à ces productions : l'impreſſion de la petite Pièce du *Degré-des Ages* (9), prouve la vérité de cette aſſertion.

UN grand défaut encore de la plupart des Pièces, c'êt de n'avoir aucun rapport avec l'âge de ceux qui les jouent; ce qui détruirait entièrement l'illusion, & l'amusement par contre coup, ſi le *Néomime*, en hâchant les endraits trop phrasés, en les interlocutant à-propos, n'avait ſu rendre convenable par les détails, ce qui ne l'était guères dans l'enſemble. Que ne ferait-il pas avec plus de liberté ? Oui, la Nation lui devrait un jour d'excellens ouvrages en ce genre ; des ouvrages utiles ; un *Théatre-enfantin*, dont la lecture aurait les plus grands ſuccès entre les mains d'un Éducateur éclairé ; parce que les Enfans aiment l'action, & qu'un modèle agiſſant a cent plus d'énergie pour eux & d'efficacité, que les belles & fraides maximes du plus ſublime Penſeur...... Qu'ôsé-je dire ! nos grands Théâtres le verraient-ils ſans envie ? leurs priviléges ne leur donnent-ils pas le droit de s'opposer aux amusemens, comme à l'utilité du Public, lorſqu'ils ſont contraires à leurs intérêts ?... Mais la Nation peut-elle recevoir de pareilles entraves ?.....

LES Pièces où l'on a voulu faire agir les Acteurs en Enfans, ſont bien éloignées de donner des modèles, ou d'offrir une correction de mœurs : on eſt forcé de n'y rien mettre de ſolide, de naturel, de bien penſé ; on n'a que la reſſource des pointes, des équivoques, ou de trivialités

trivialités qu'assaisonne la naïveté de l'innocence. Voudrait-on nous persuader que de pareilles misères ont détourné les Amateurs du Dramatisme de la fréquentation de nos grands Spectacles ? Je le répète, ceux qui vont habituellement à l'*Ambigu*, n'auraient pas de plaisir au *Tartufe*, au *Misanthrope*, au *Glorieux*, à la *Gouvernante*, non-plus qu'à nos Tragédies ; ils s'ennuieraient à l'Opéra : ils n'en verront pas moins les Comédies-Ariettes, dont la Musique & les jolies situations leur auront plu : Le Théâtre-éphébique, en-un-mot, (& toutes les bouches le répètent) n'a point ôté de Spectateurs aux grands Théâtres.

MAIS ses Pantomimes ont eu quelquefois l'affluence ? Il faut en convenir ; & c'est là sans-doute le grand tort du *Néomime* : il êt l'Inventeur, ou le Restaurateur d'un nouveau-genre ; il procure à sa Patrie un plaisir auparavant inconnu. Il a senti que l'imitation par les gestes & les mouvemens était la plus proportionnée à l'enfance : des deux genres de Pantomime, la *Scénique* (10) & la *Mythiquè* (11), il s'en forme un mixte, par leur réunion, en étayant avec discernement le genre *Scénique*, par le *Mythique :* c'êt ainsi, que dans le *Pouvoir-de-l'Amour*, la *Belle-au-Bois-dormant*, (deux de ses Pantomimes) on voyait une Danse agréable faire le même effet, que les airs après le Récitatif. Dans le *Triomphe-de-l'Amour-&-de-l'Amitié* (Pantomime dans le genre *mythique*) le *Néomime* nous a fait concevoir l'idée d'un Spectacle entier en ce genre, intéressant, & perfectible bien-audelà des bornes que nous eussions imaginées (12).

Si les Pantomimes du *Théâtre-éphébique* ont quelquefois rendu l'Assemblée nombreuse, c'êt parce que la danse & le rire qui doit l'accompagner, sont naturels aux Enfans : sont-ils arrêtés, ils trépignent, en attendant leur tour ; leur visage & leurs yeux annoncent qu'ils goûtent avant nous le plaisir qu'ils nous procurent. Voyez aucontraire sur les

Théâtres des deux Comédies ces figures tirées, ou potirones, dont l'*hiſpidité* (*) révolte, ou dont la corpulence ſemble peser ſur le Spectateur; qui grimacent aulieu de rire : comment voudriez-vous qu'elles inſpiraſſent la gaîté ? elles travaillent où il ne faudrait que folâtrer (13). Si donc la Danſe des Enfans a plu, c'êt moins à leurs talens réels qu'on doit l'attribuer, qu'à ſon à-propos : c'êt même encore au mauvais-goût de nos danſes; à leur peu d'expreſſion, au peu de diſcernement, qui fait qu'on néglige les convenances. Il êt des danſes pour les hommes, comme pour la jeuneſſe; ſi vous tranſposez, la danſe devient ridicule. Voila le triſte effet de l'engourdiſſement & du manque de vues, qui retiennent dans une ſphère trop étraite, les admirables Acteurs qui ſurpaſſeraient Pylade & Bathylle (14). La Danſe ne fait Spectacle comme Danſe, que lorſqu'il s'agit d'exprimer la gaîté; dans tout autre cas, les plus beaux déploiemens n'excitent qu'une froide

(*) *Revêcherie.*

admiration. De l'action, de l'action! il nous faut une Danse parlante, historiée, qui peigne, ou les Passions, ou des traits de la Fable & de l'histoire.

CONNAISSEZ votre siècle, vous tous qui vous mêlez de travailler aux plaisirs de vos Concitoyens : le Spectacle doit suivre la marche de l'esprit & du goût ; un siècle grossier n'entend pas à demi-mot ; c'est le temps de n'admettre que le *Jeu-parlé* : mais le siècle d'Auguste & de Sénèque ; un siècle esprité veut deviner un-peu ; c'est l'âge de la Pantomime (15) : essayez-en ; & la fréquence va succéder à la solitude de vos Représentations : vous avez les Sujets, vous avez le lieu : que vous manque-t-il ? le goût ? les lumières ? Non : le zèle.

TROISIÈME POINT-DE-VUE.

La Salle, & le Prix des Places.

SUPPOSÉ que l'on permît au *Néomime*, de représenter de bonnes Pièces, dans un genre propre à ses Élèves, quel préjudice cette liberté porterait-elle aux trois grands Théâtres, si la Salle du *Spectacle Ephébique* demeure la même; si les places sont toujours au même taux? L'on a vu dans le premier Point-de-vue, qu'il ne leur enlevait pas de Spectateurs; dans celui-ci, je crais pouvoir assurer qu'il leur en donnerait aucontraire : car je le sais par expérience; lorsqu'un homme occupé détermine d'aller au Spectacle, & qu'il êt une fois sorti de chés lui, sûrement il y va; de-sorte que si les places au Théâtre qu'il préfere, sont remplies, il s'en console, en courant aux autres : il n'y serait point alé du-tout, si sa curiosité excitée, ne l'avait tiré de sa maison. D'où je conclus, que les Spectacles dramatiques multipliés, variés, s'entr'aident mutuellement. J'ai souvent observé, que le jour d'une première Représentation à l'une de nos Comédies, les deux Salles étaient ordinairement pleines, pour peu que la Pièce ancienne contrebalançât la nouveauté : Parce que la moitié des Spectaculistes ne peut avoir de Billets; qu'ils se sont dérangés, & que très-peu trouvent à se replacer; si le Théâtre *Français*, parexemple, ne contenait que la moitié de l'assemblée du Théâtre *Italien*, les nouvelles Pièces du premier produiraient presque recette égale pour les deux. Le *Théâtre-Éphébique* n'êt pas le quart; il donnerait le plus, s'il était vrai, qu'il fût le plus fréquenté. Ajoutez que le prix modique des Places, qui fait qu'elles sont remplies de bonne-heure par la médiocrité, doit nécessairement éloigner de l'*Ambigu* tous ceux dont l'orgueil craint de se commettre (& le nombre en êt très-grand). L'on peut donc avancer qu'il serait de l'intérêt de nos Théâtres même, que les premières Places seulement du Spectacle-Éphébique, fussent portées à 3 livres; cette légère augmentation, en mettant le *Néomime* dans le cas d'avoir plus d'Élèves, de faire davantage pour leur éducation, & de perfectionner son genre, étendrait le goût du Dramatisme enfantin, & fixerait assez l'attention des Étrangers, pour les engager à venir parmi nous satisfaire leur curiosité.

QUATRIÈME POINT-DE-VUE.

Former de jeunes Sujets.

JE ne sais pas si les grands Acteurs seront fort sensibles à cet avantage (16) : mais quelles que soient leurs dispositions à cet égard, il n'en est pas moins réel.

DE jeunes Sujets formés à la Capitale, à portée de voir, d'étudier le Jeu de nos grands Acteurs, de recevoir les avis & les conseils des Personnes du goût le plus exquis, deviendront, en peu d'années, de parfaits Imitateurs : ils ne contracteront pas de ces défauts de grâce dans la *présentation*, de convenance dans le *débit*, de douceur ou d'harmonie dans la *modulation* ; sur-tout ils n'*excessiveront* aucun genre d'expression, ou ne l'*hébéteront* jamais, au point d'en ôter toute l'énergie : défauts qui sont l'effet ordinaire du Jeu forcé, de l'*actricisme* chargé, que les Mimes les plus intelligens sont quelquefois obligés d'adopter en Province (17).

Or je demande, ſi nos trois Théâtres ayant des Sujets à choiſir, dans les genres qui leur ſont propres, ne trouveront pas un avantage pour la Recette, à préſenter au Public des Acteurs connus, applaudis, auxquels il êt accoutumé? L'Acteur doublé trop-tôt effacé par ſon Succeſſeur, ſera moins regretté : mais la Compagnie entière y gagnera.

CINQUIÈME POINT-DE-VUE.

L'Intérêt du Public.

LA Capitale de la France, l'êt devenue de l'Europe entière, par un conſentement tacite des Peuples; elle êt la Patrie du goût : Mais cet hommage flateur qu'on lui rend, elle ne le doit qu'aux Arts perfectionnés dans ſon ſein, aux Plaiſirs que les Arts font naître. C'êt à ce titre, que les Nations voiſines lui payent un tribut, en y venant apporter leurs tréſors : elle ne doit donc pas être enviſagée comme une Ville particulière, où les amuſemens, les diſſipations ſont ruineux pour les Citoyens : ils ſont ici la ſource de l'opulence & des richeſſes.

C'ÊT

C'ÊT un principe reçu, qu'il doit y avoir dans la Métropole d'un État, des Plaisirs extrêmement variés, & que l'on n'aura pas droit d'accuser une Capitale de *sybarisme* (18), parce que les hommes-à-talens en tout genre y sont encouragés, & magnifiquement recompensés. L'on pourrait en apporter autant de raisons que le bonhomme *Pincé*, du *Tambour-nocturne ;* mais je me bo ne à deux, la *Politique* & l'*Intérêt.*

I. LES Capitales sont peuplées, en-partie, de Nationaux aisés, que leur fortune exempte du travail : ils s'y sont rendus de toutes les Provinces, & viennent y faire, pour-ainsi-dire, les honneurs de leur Nation aux Étrangers. Il faut occuper agréablement ces gens-là ; leur oisiveté pourrait devenir dangereuse. Le Peuple de ces mêmes Capitales, toujours nombreux, &, par les circonstances, quelquefois misérable, malgré la sagesse du Gouvernement le plus modéré ; ce Peuple doit être amusé, diverti ; on lui doit ce léger dédommagement pour les travaux pénibles auxquels il ſe conſacre : les manières ſérieuses de l'occuper, conſeillées exclusivement par des Moraliſtes atrabilaires, n'auraient pas le même avantage ; ces *manières ſérieuses* concentrent ; ſouvent elles excitent une fermentation intérieure, qui bientôt, telle qu'un volcan, éruptione avec violence, ſous les noms de Fanatiſme, de Patriotiſme, &c. Faites rire une Nation, mettez à ſa portée des divertiſſemens de ſon goût, & jamais vous n'aurez à craindre ſon mécontentement (19).

II. LES Capitales ſont enſuite peuplées d'Étrangers : Ceux-ci, pour l'ordinaire, ſont des Riches, qui vont chercher & payer le Plaiſir où il êt plus diverſifié : Supprimez cette liberté qui les attire, & les Amusemens de différens genres, vous les verrez bientôt deserter ; les grands Théâtres s'en apercevraient les premiers, & ſi je voulais médire, je murmurerais que les Actrices.... mais il faut être diſcret. La dépenſe des Étrangers, dans la Capitale, êt d'une triple utilité, comparée à celle des Nationaux : c'êt, comme je l'ai dit, une ſorte de tribut, qu'ils payent au Prince & à la Nation chés laquelle ils viennent : ils favorisent la conſommation de nos denrées & de nos étofes, dont ils donnent un prix plus fort que les Règnicoles ; ils dépenſent plus à-proportion, & brillent davantage qu'ils ne feraient chés eux : ils nous laiſſent leur argent, pour des talens agréables, qui ne nous coûtent rien, en-même-temps qu'ils augmentent notre célébrité : en procurant l'aisance à nos Artiſtes en tout genre, ils occasionnent une circulation d'eſpèces, qui remonte très-vite au Cultivateur, au Manufacturier, &c. Il êt donc de l'intérêt du Gouvernement de les attirer. Or il êt accordé par un aſſentiment général, que le Plaisir êt le moyen le plus efficace. Ceux d'une Capitale, lorſqu'une fois ils ſont goûtés, ne doivent donc pas être reſtreints, gênés, quelque multipliés qu'ils ſoient : car dès qu'un

Amusement a pris, c'êt une preuve qu'il êt proportionné : Et comme rien ne doit être plus libre & plus indépendant que le Plaisir (20) ; que ce ſerait le détruire, que d'en déterminer le genre, nous devons regarder comme allans contre les intérêts de la Nation & la ſaine Politique, ceux qui, ſous prétexte de priviléges exclusifs, ôseraient chercher à nous priver d'un Amusement qui nous flate. De ce principe général, paſſons à un autre plus particulier.

POUR quî *les* Spectacles ſont-ils établis ? Sans-doute ce n'eſt pas uniquement dans la vue, que tel Directeur ait à ſa diſposition de jolies Débutantes ; que tel Acteur faſſe briller ſa voix ou ſa déclamation, & ſe procure un revenu conſidérable ; que telle Actrice ait occaſion d'entâſſer conquêtes ſur conquêtes, & de ruiner des Financiers ou des Mylords : quelque importance que l'on veuille donner à ces différens buts, ils ne feront jamais que des acceſſoires. Le véritable terme, c'êt d'amuser le Public : c'êt pour lui que les Gouvernemens ont permis que les Théâtres fussent élevés, & que certains Citoyens renonçassent aux occupations nécessaires, pour se donner tout-entiers à celle de plaire & d'amuser. Or, je demande si nos Pères, qui privilégièrent les Acteurs qu'ils connaissaient, qui les appanagèrent de tout ce qu'ils crurent propre à les encourager, ont pu exclure les genres encore à naître, & forcer leurs arrière-Neveux à s'amuser exclusivement comme ils se sont amusés? Personne ne se déterminera pour l'affirmative. Les Spectacles doivent changer comme les modes; la Variété êt le génie de la Nation; elle veut continuellement du neuf, pour la forme & le fond, pour le nom & même le lieu; son préservatif contre l'ennui, c'êt la Variété: c'êt elle, cette utile Variété, qui fait que nos Voisins ne peuvent transporter chés eux le Trône du Goût, que nos Agréables & nos Artistes font pirouetter depuis si longtemps sur les bords de la *Seine*. De-là je conclus, qu'aucun Théâtre ne peut & ne doit avoir de privilége exclusif; non-plus que notre Marchande-de-modes la plus fameuse ; le plus célèbre de nos Tailleurs ; le plus élégant Retapeur de nos petits-chapeaux ; le plus sublime Perruquier ; le plus intelligent Formateur des mignones chaussures de nos Dames, &c ; Que loin de borner nos genres, de les moûler sur les anciens, le véritable intérêt de la Nation êt de proscrire cette prétension injuste, qui ne tendrait qu'à nous ôter un jour le Sceptre du Goût (22), la direction & l'assaisonnement des plaisirs : Enfin, qu'il êt ridicule, indécent de nous dire, —Je veux que vous ne puissiez rire, pleurer, admirer, & bâiller que chez moi : Il n'y a rien de beau qu'*Armide ;* de majestueux qu'*Athalie ;* d'agréable que la *Comédie-Ariette ;* vous ne pourrez lier de parties qu'au *Colysée.* Ces prétensions sont absurdes. Le Public êt le *payeur :* c'êt à lui de choisir librement ce qui l'amuse ; à vous, Acteurs, & tous autres qui prétendez l'attirer, de vous conformer à ses goûts, à ses fantaisies, à ſes caprices : ſes applaudiſſemens, la vogue & ſon or ſont à ce prix.

CONCLUSION.

LES Plaiſirs ſuivent le *goût*, & ne le font pas : un ſiècle qui ſe blâse, aime les jeux de l'enfance, & re-vient aux amusemens de l'âge-d'or : profitons du moment favorable aux mœurs ; ce *goût* êt un inſtinct paſſager & fugitif, que les *Divertiſſeurs* publics doivent ſaiſir.

MAIS que les ſuccès du *Théâtre-Éphébique* n'effraient plus nos Acteurs ; le *Néomime* ne prétend qu'amuser, déláſſer ; il laiſſe les grandes paſſions, la Terreur, l'Admiration, les vives & correctives peintures des vices des hommes, il les laiſſe aux trois Théâtres : ébaucher les Sujets, dans les différens genres, êt tout ce qu'il veut. Sans-doute le Public viendra rire avec les jeunes Acteurs ; mais comme on rit avec les Enfans ; le plaiſir qu'ils lui procureront, ne fera que réveiller ſon empreſſement pour des beautés plus ſolides. Quel homme aſſez dépourvu de goût, négligera volontairement les Pièces où jouent les *Prévilles*, un *Mollet*, les *Bellecours* ? Le *premier* fait sourire la raison dans ses rôles plaisans ; il attendrit, & tire de délicieuses larmes dans ses rôles de bonhommie ; mademoiselle *Préville* unit la finesse à la vérité. Le *second* s'êt fait un genre français proprement dit ; c'êt notre *Garrick*, & toute l'admiration de notre Jeunesse, ne lui rend pas encore ce qu'elle lui doit ; à chaque représentation, il lui met devant les yeux un tableau fidèle de ses ridicules, exprimés avec tant d'aisance, que les modèles ne se craient que les copies ; tableau presqu'indépendant de la Pièce, & que l'Acteur produit entièrement de son fond (23). Le *troisième* a su tirer parti de sa fraideur même, pour jouer supérieurement les rôles d'indifférence & de distraction. J'ai souvent ouï-dire, (aux représentations de la *Reconciliation-Normande*) que la Scène de la Rupture, par cet Acteur, & mademoiselle *Droin*, avait une vérité qui la rendait toujours *nouvelle*. J'ai parlé de nos Tragédiens, & des principaux Acteurs de la Comédie-Ariette. Les *Arnould*, les *Larrivée*, les *Legros*, les *Gélin*, les *Rosalie*, les *Duplant*, les *Beauménil* feront ils jaloux des faibles dispositions des Élèves du *Néomime?* Célebres Acteurs, Actrices charmantes de nos trois Théâtres, vos Talens vous mettent audessus des passions communes, & vous rendent capables de l'héroïsme de la vertu : Venez quelquefois encourager par votre présence vos jeunes Imitateurs; jouir du plaisir délicat de les voir chercher à mériter les éloges de Juges tels que vous; ils rougiront d'aise & de gloire, lorsqu'un coup-d'œil de votre part semblera les applaudir: Éclairez de vos conseils ces aimables Enfans; devenez leurs seconds Instituteurs dans le Dramatisme : vous les pénétrerez de reconnaissance; & le PUBLIC qui les adopte, ce Public qui répète jusques dans les Salles de vos Représentations, Qu'on n'aurait pas dû gêner le *Néomime*, l'empêcher de contribuer à ses plaisirs; le Public joindra l'estime à l'admiration méritée dont il vous a donné tant de marques.

RÉCAPITULONS en deux mots : La trop grande reſtriction imposée au *Théâtre-Éphébique*, eſt un atttentat contre la liberté des Sciences & des Beaux-arts ; En permettant d'y représenter des *Pièces Èducatives*, mêlées de Chants & de Danſes, on n'ôte aux grands Théâtres, ni les *Dieux*, ni les *Héros*, ni la *peinture des Ridicules*, ni même les *Gens-de-métier ;* le *Néomime* ne fait parler que *Fillette* & *Fanfan :* Enfin, le Public, dont les droits ſont toujours ſacrés, paraît s'intéreſſer vivement en ſa faveur : ſon Spectacle, décent, honnête, que l'on peut rendre plus intéreſſant encore & doublement utile, augmente la ſomme des Plaisirs néceſſaires dans la Capitale d'une puiſſante Monarchie : ſon genre ne peut qu'adoucir les mœurs, les rendre douces & naïves : l'on verra ſur le petit Théâtre le tableau de ſa propre Famille, & ce miroir moral donnera d'utiles leçons : Mais ne fît-on que s'y rappeler délicieusement ſes premières années (*), n'êt-ce pas un moyen efficace pour nous porter à reprendre notre candeur native ?

(*) Ce dernier but êt rempli dès aujourd'hui. Quelqu'un appelait un jour le plaisir qu'il éprouvait à ce Spectacle, *une volupte-au-bainmarie.*

NOTES.

(1) On peut recourir à cette Note, & voir en outre, quelques Articles de celles sur la Danse & la Pantomime, pages 425 & 435 de cet Ouvrage. *Paris, Humblot, Le-Jay, rue St-Jacques; Edme, rue St-Jean-de-Beauvais.*

(2) M. *Audinot* êt auteur des Paroles & de la Musique du *Tonnelier*; il a joué sur le Théâtre de l'Hôtel-de-Bourgogne dans les Opéras-comiques, avec la plus grande vérité.

(3) L'*Ambigu-comique* doit être regardé comme un genre absolument nouveau, quoique la Capitale ait eu les différentes Troupes d'Enfans-Acteurs, dont il êt parlé dans la Note [N] déja citée : mais ces Théâtres-Enfantins n'avaient de commun avec celui de nos jours, que le *Bambochage ;* le *Néomime* êt le Créateur du fond & de la manière dans les Pièces & les Pantomimes qu'il nous donne.

(4) Ce sont les jeux des Enfans qui ont donné la première idée de l'imitation, qu'on nomme *Comédie*. Voyez la *Mimogr.* Note[A], p. 353, & *passim.*

(5) Les *Larrivée*, les *Arnoult*, &c. les *Le-Kain*, les *Dumesnil*, les *Prévilles*, les *Molet*, les *Bellecours*, &c. les *Cailleau*, les *Clairval*, les *Carlin*, les demoiselles *Laruette* & *Trial*, &c.

(6) D'ailleurs, ces mêmes endraits sont un point-de-ralliement, qui souvent a servi les Magistrats. [Je me suis rencontré, presque dans les mêmes termes, pour le jugement que je porte du Théâtre-éphébique, avec l'Auteur d'une petite Brochure très bien faite *sur la Danse de l'Opera*; cependant M. Audinot ne me l'a communiquée qu'après ma première édition.

(7) La manière suggérée à cet Enfant par le *Néomime*, êt du meilleur comique; elle a frappé tout le monde; & l'exécution marque des dispositions qui doivent encourager l'Acteur: aussi je n'entends pas le déprécier, non plus que les autres; je prétends seulement faire comprendre, que le *Néomime* ne jouit que des talens imparfaits de l'enfance, & qu'il sème pour d'autres: lorsque les grandes dispositions se dévelopent, les Acteurs ne sont plus pour lui.

(8) Il ne faut pas en-effet, que dans les *Comédies-Éphébiques*, on mette des sentimens au-dessus de l'enfance commune; ils y seraient plus déplacés que dans les Pièces-paysanes: il n'y faut pas non-plus d'intrigue; elle n'est pas du caractère de l'Enfance: il ne faut ni belles phrases, ni pointes, ni de longs couplets qui gênent leur haleine & leur mémoire. Il faut du naturel, de la naiveté, une douce & facile ingénuité. (Oh! que *Lafontaine* aurait fait une

bonne Comédie-Éphébique!) Ce qu'on demanderait pour ce Théâtre, ce ſerait des Pièces *Exercitoires* dans les trois genres, la *Déclamation*, la *Muſique* & la *Danſe*; qui puſſent ſervir de modèles aux Exercices ordinaires pour les Particuliers, en-même-temps qu'ils nous formeraient des Acteurs.

(9) Sujet très-heureux pour le *Théâtre-éphébique*, & dont le *Néomime* a donné l'idée: En-général, le ſuccès des Pièces êt entièrement dû à l'intelligente diſpoſition du Directeur: dans celle-ci, la Scène du Vieillard & de Fanfan êt attendriſſante; mais changez les Acteurs de cette Scène, & mettez-y deux Enfans ordinaires, elle n'êt plus rien; on s'en êt convaincu par la lecture.

(10) C'êt-à-dire, celle qui ne conſiſte que dans les geſtes qui doivent accompagner la déclamation.

(11) Celle dont le propre êt de repréſenter en-entier, par une Danſe dont les pas approchent le plus du naturel, des traits de la Fable (μῦθος), ou de l'Hiſtoire.

(12) Le *Néomime* nous en donne une troiſième eſpèce (qui fut en uſage à Rome); c'êt lorſqu'il fait jouer par l'Orqueſtre un air analogue, tandis que ſon Mime aide à l'intelligence par ſes geſtes: ce genre êt excellent; ou plutôt, ce n'êt pas un genre particulier, mais un degré de perfection pour les deux autres.

(13) On fait tout cela mieux qu'ailleurs à l'Opéra; l'on y a pour les Danſes gaies des Fê-

tes, de petites-personnes (jeunes ou non,) qu'on nomme *les Enfans*.

(14) L'on n'a jamais si bien exécuté les élémens de l'Art *Choréique*, que sur le Théâtre de notre Opéra; l'on y *épèle la Danse* à-merveille: le *Pas-de-deux*, qui devrait toujours offrir une action fortement exprimée, n'êt le plus souvent que du tricotage sans but des pirouettes ridicules, des glissés langoureux sans volupré, ou des *jetées-batues* qui n'expriment que la force du jarret. Le vrai Connaisseur, loin d'être amusé, bouillonne d'indignation, de voir le talent enmailloté, contraint de ne décrire que le cercle étrait qu'a tracé la fraide imagination des Directeurs. L'on compare nos Danses ordinaires à la Musique faite sans avoir de paroles en vue, où l'on ne mettrait que des sons harmonieux qui ne peindraient aucune passion: il faut une âme à ces deux arts; il faut une action, mais comme dans la Dramatique & dans la Peinture, une action saillante, qui frappe l'homme brut come l'homme éclairé; les vraies, les grandes beautés sont sensibles pour tous les génies: sans-doute les Arts imitatifs peuvent tout peindre, jusqu'au repos, mais il faut que cet état même ait une forte expression: Donnez à vos Danses cette expression nécessaire, sans négliger la délicatesse. Avec les détails les mieux exécutés, les ouvrages à la glace de nos Compositeurs de Ballets ont fait bâiller nos Pères, nous font bâiller nous-mêmes tout en applaudissant l'Acteur, & feront bâiller nos arrière-neveux.

(15) Lorsque je parle de Pantomimes à re-

préſenter ſur le Théâtre-lyrique, il ne s'agit pas du genre qu'avait imaginé *Servandoni*, tout-ſec, & deſtitué de Danſes ; cette Pantomime grâve & magnifique ne ſerait pas goûtée ; elle n'et pas non-plus le beau genre que *Pylade* & *Bathylle* firent fleurir à Rome, & dont nous eumes un échantillon il y a deux ans, dans le Ballet épiſodique de *Médée-&-Jason*. Il faut de la Danſe à notre légèreté ; les actions danſées, outre qu'elles ſont toujours vives, occupent doublement, par le ſujet & par l'art ; ce qui prévient l'ennui.

Les Anciens avaient porté cet art bien-audelà de tout ce que nous en connaiſſons : une Danseuse (la célèbre *Empuse*) exprimait ſi bien la volupté, qu'elle fesait pouſſer le cri du desir à ſes Spectatrices.

(16) Les célèbres Acteurs n'ont pas la faibleſſe de craindre d'être remplacés : dans ce cas, leur gloire ne reſte pas moins entière ; ils le ſavent : on n'oublie que la médiocrité.

(17) L'Acteur doit outrer, lorſqu'il joue d'habitude devant des hommes incapables de ſentir, ou des Provinciaux difficiles à remuer ; il doit, devant ces deux eſpèces d'hommes, négliger inſenſiblement les tons-de-vérité, les délicateſſes, le naturel en-un mot, pour courir après la charge ou l'enflure : on ne ſe corrige jamais bien de ces défauts-là.

(18) *Sybaris* fut une ville d'Italie dont les Habitans étaient extrêmement voluptueux : il y avait des recompenſes & des diſtinctions pour quiconque inventait un nouveau genre de plaisir, un nouveau mêts, &c : Dans la position où ſe trouvaient les Citoyens de cette petite Répu

blique, ils ne pouvaient ſubſiſter avec de pareilles mœurs; Rome elle-même, devenue centre de tout, ne le pouvait guères plus; elle ne fesait qu'appauvrir ſes provinces: Mais *Paris*, à-la-portée de Nations étrangères à ſon égard, doit s'enrichir en leur procurant des plaisirs.

(19) Il n'en êt point que le Peuple ait autant goûté que celui de *Néomime*, qui d'ailleurs êt à ſa portée par les places commodes qu'il peut s'y procurer. Ce Peuple, toujours plus ſenſé qu'on ne l'imagine, voit avec ſatisfaction jouer des Enfans encore incapable des devoirs des citoyens.

(20) On vient d'en avoir une preuve à l'établiſſement du *COLYSÉE*, dont les Fêtes, bien ſupérieures à celles de *Torré*, n'ont d'abord eus que de médiocres ſuccès. Je ne doute nullement que la Nation ne goûte enfin ce Rendez-vous *cataſcopique*; d'après les principes certains que je viens d'établir, il êt beaucoup plus utile que les myopes en politique ne ſauraient l'imaginer.

(22) La délicateſſe du goût êt fille de la ſatiété même; elle règne par-tout où les Plaiſirs ſont multipliés, faciles, & ne peut règner que là (c'êt pourquoi *Paris* en êt le centre en tout genre); l'homme affamé trouve bons tous les mêts; l'homme qui n'a rien vu trouve tous les Spectacles charmans. Auſſi, voyez aux Repréſentations l'air dédaigneux de nos Petits-maîtres; rien n'êt bon, ni beau, ni bien; tout êt d'un mauvais!... Eh! pour qui les prendrait-on, s'ils s'aviſaient d'approuver, & d'avoir du plaisir!......

Un grand avantage du *Néomime*, avec ces gens-là, c'èt qu'ils rient de bon-cœur à son Spectacle ; ils n'y craignent pas qu'on les accuse d'admirer.

(23) L'on blâmait un jour cet Acteur dans un rôle de Neveu, Comédie du *Distrait*, de ce qu'il pousse son Oncle par les épaules & du piéd : S'il avait entendu les Critiques, il aurait pu s'écrier comme un autre *Pylade* [que l'on accusait d'outrer les fureurs d'Hercule] : *Fous que vous êtes! je vous mets sous les yeux un impertinent plus hardi que vous ; car il exprime tout-haut ce que vous pensez tout-bas*. Il èt peu, bien-peu de Spectateurs capables d'apprécier tous les coups-de-pinceau que donne à ses Personnages un Acteur intelligent & consommé dans l'étude du cœur humain.

P.-Scr. Ce n'èt-là qu'une partie des choses que l'on peut dire en faveur du *Théâtre-éphébique* ; &, comme les anciens Orateurs, j'ai mesuré la matière, non sur les raisons que je pouvais apporter, mais sur le temps : ma lecture ne doit pas excéder celui qu'une jolie Femme peut employer à réfléchir ; & je crains fort.... Cependant encore un mot.

Les hommes savent se procurer différens genres d'Amusemens : il en èt de naturels & de factices : les premiers, comme la Promenade, la Conversation, &c, ont une utilité trop connue pour m'y arrêter : Les Amusemens factices, sont tous les Jeux, la Lecture & les Spectacles. Les Jeux d'exercice ont la même utilité que la Promenade, & de plus, ils aſſoupliſſent, rendent adrait &c; les Jeux tranquilles, comme les *Èchecs*, les *Dames*, &c, aiguisent l'eſprit, & peuvent être très-utiles à ceux qui n'ont pas d'autre occasion d'exercer la faculté de penſer : Les *Cartes*, les *Dés*, & tous les hasards, ſont pénibles, ſans fruit pour le corps & pour l'eſprit; le moindre de leurs inconvéniens, êt de faire perdre aux gens occupés un temps précieux, & de donner beaucoup d'humeur à ceux dont l'exiſtance vide n'a que de lôngs joûrs à conſumer. La Lecture aucontraire êt un amusement relevé, qui fait que l'Homme participe davantage de l'intelligence que de l'animalité; ce divin amusement peut devenir d'une utilité double, triple &c, par le choix des matières. Mais le Spectacle met en action ce que la lecture n'a fait que présenter dans une ſuite de peintures mortes. L'*Opéra*, par la réunion de tous les Arts, offre à l'intelligence des Plaisirs variés, tous plus piquans les uns que les autres : les yeux ſont charmés par les Perſpectives, par l'Action, les Danſes &c : les oreilles ſont enchantées par l'harmonie; l'eſprit êt ſatisfait par le Poème & par l'enſemble de l'exécution; le cœur eſt intéreſſé par les ſituations... (& ſera-ce un mal qu'il le ſoit encore par les grâces & les talens! Non ſans-doute : pour vingt Particuliers que les Nymphes ruineront en vingt ans, elles ont produit un charme qui s'étend ſur tout leur ſexe; & *tel* que je ſais bien, n'aime ſa femme que parcequ'elle a de l'air de la jolie *Gr***; *tel* autre; parce que la ſienne a le ſon de voix de *R****, ou de *B* · · ·, &c). Le *Théâtre-Français* crée des plaisirs qui sont moins pour le goût, & qui donnent plus à l'intelligence, aux mœurs : notre Jeunesse les préfère; & ce sont les Vieillards *usés* qui les désertent ... *O temps!* .. La *Comédie-Ariette* réunit tous les genres dramatiques ; on y trouve le rire & l'attendrissement ; l'on y jouit d'une Musique délicieuse ; on y a des Acteurs dans les deux sexes, dont le nom sera célébré tant que la Nation aimera les Arts.

Voila des plaisirs dignes de l'Homme, & ceux qu'il faut encourager : l'amusement que le Théâtre procure êt sans inconvénient pour notre fortune, pour nos mœurs, & réunit mille avantages : il forme le gout, l'esprit, le cœur ; il rend la Nation célèbre, encourage la Littérature, attire les Étrangers &c. Le *Petit-Théâtre* se joint aux autres, & son genre, qui n'a rien à démêler avec eux, nous donne ce qui nous manquait, un Spectacle pour la naïveté ; pour les Mères-de-famille, qui, depuis quelque temps, en ont fait une recompense (très desirée) pour leurs Enfans.

J'apprens que le *Néomïme* vient enfin de représenter devant le Roi, avec toute la magnificence des Spectacles de la Cour. Les jeunes Acteurs y ont reçu les éloges que méritent leurs talens naissans. Le Directeur a choisi les Pièces que ses petits Éleves font valoir davantage: *Il-n'y-a-plus-d'en-*

ſans, *l'Ombre-vivante*, *le Chat-boté*. La première de ces Pièces n'a ni convenance de mœurs, ni ſtyle ; tout y eſt trivial ; on n'y trouve ni gout ni chaleur ; une ſeule Scène, aſſés boufone, & qui doit tout ſon mérite au petit Arlequin, lui concilie l indulgence des Spectateurs. La ſeconde eſt bien écrite ; il y a de l'invention, de l'intérêt, quelques Scènes délicieuses ; un agréable mélange de Danſe & de Dialogue. Dans le *Chat-boté*, l'on a ſuivi le Conte, & la Pantomime êt très-bien entendue. En général, les Pièces les plus faibles de ce Théâtre, ſont celles marquées d'une * dans la liſte que j'en ai donnée : leur mérite gît tout-entier dans l'Acteur. On nous menace d'un ÉDUCATION-A LA-MODE, Pièce Éphébique de la même plume & de la même force.

FIN des RÉFLEXIONS.

IL RECULE
POUR
MIEUX SAUTER.

PROVERBE

ET

CONTE EN VERS.

[I]

AVERTISSEMENT.

L'ON s'amusait à faire des *Proverves* dans une *Partie-de-plaisir*, où se trouvaient le Marquis de Giv·, le Chevalier de P···, &c. Le dernier, sous le nom de *Dorante*, raconta l'Histoire d'une Femme, qui se venge d'un Epoux infidèle & jaloux par une triple tromperie ; c'est à dire, en lui fesant manquer un rendez vous de sa Maitresse ; en substituant un autre Galant qui lui souffla cette bonne-fortune ; enfin, en profitant de son absence pour goûter elle-même le plaisir dont elle le privait. Le Marquis de Giv·, qui savait ce trait, s'était proposé d'en faire usage pour son Proverbe : mais se le voyant enlever, il eut recours à l'Historiette assez récente, qui fait le sujet du Conte suivant. Il le commence, en adressant la parole à son Ami.

PROVERBE.

M'AVEZ pillé, Seigneur Dorante,
l'à-Trompeur-Trompeur-&-demi;
mais si ce point voulais prouver aussi,
Histoires aurais plus de trente.
Autre Diction faut-il pourtant chercher,
puisqu'à mon tour, la belle Rosalie
prétend me voir rimer & proverber.
Ferai tous-deux; veux servir sa folie,
que bien, que mal : il ne faut se câbrer
contre un Tendron : fût-ce pure manie,
Femme toujours veut être à gré servie;
& qui pourrait un moment contester,
Amant, Epoux, payerait cette injure.

OR sus, je vais tout-d'un-temps commencer
à vous rimer Historiette sure,
que certain jour Gars disert & léger
me raconta comme vérité pure.
Il est l'Acteur; lui-même va parler.

CONTE.

Je ne hais point du-tout à voyager
par le caroſſe-de-voiture :
quoique ſouvent l'ennui vienne y ſiéger,
on a par-fois quelque bonne avanture
capable d'en dédomager.
Pardevers moi, j'en ai l'expérience :
j'ai voyagé dans l'Allemagne, en France
par cette voie, & m'en ſuis bien trouvé.
Un jour pourtant faillis d'être atrapé.
Faut dire auſſi, l'Animal porte-jupe
eſt un Animal bien rusé.
Heureusement je n'en fus pas la dupe,
& par après, mon compte retrouvai.

Un beau matin, gai comme un Prince
d'être obligé de me rendre à Paris,
dans une Ville de Province,
ſuivant mon-us, le caroſſe je pris.
Je n'y trouvai pour toute compagnie
qu'une Poulette à-peu-près de vingt ans;
d'une figure très-jolie,

& dont sur-tout les yeux étaient friands.
Tout en lorgnant l'appétissante Fille,
un petit piéd, qu'enclos mule gentille
montre le nés: alors desirs naissans
d'être aiguisés; dans ma peau je grille.
Mais ce n'est tout: on cause: ah quels accens!
qu'ils sont flateurs! ils vont droit à l'âme...
Pour subjuguer tout sert trop bien la femme,
Voix piéd mignon & regards séduisans.

La Belle était sous l'aîle d'une Tante
qui datait au-moins de cinquante;
mais cependant avait l'air assés frais,
& paraissait encore appétissante.

Tres-grâvement pendant la matinée,
de chose & d'autre on s'entretint,
& quelquefois près de nous l'ennui vint.
Plus libres dans l'après-dînée,
sur la réserve un-peu moins on se tint.
Si qu'à la fin de la journée,
on se trouva, comme si tous les trois
nous nous fussions connus depuis six mois.
Mon air benin, & quelque complaisance

m'ayant du couple acquis la confiance,
quand dans l'auberge on nous eut introduits,
madame Alix (c'eſt le nom de la Tante)
qui ſe chargea d'être notre Intendante,
prit pour nous trois une chambre à deux lits.
L'un fut pour ſa Nièce & pour elle;
la jeune Enfant coucha dans la ruelle;
& par moi ſeul l'autre fut occupé.
Enſuite il eſt entre nous arrêté
que quoiqu'il arrive & qu'il coute,
nous ferons ainſi notre route,
& qu'à ce plan rien ne ſera changé.
Au-demeurant dans la voiture,
chacun ſelon la conjoncture,
dormait, rêvait ou jaſait à ſon gré.

Trois jours ainſi nous avions voyagé
tranquillement, ſans qu'aucune avanture
notre projet en rien eût dérangé.
Moi cependant avec la Nièce
quelquefois avais badiné;
ſi que très-bien avais jugé
qu'elle était une Bonne-pièce,

& que souvent ne demandait pas mieux
que nous pussions nous rencontrer tous-deux.
Le desirais pour le moins autant qu'elle :
mais la Tante sempiternelle
ne nous quittait pas un moment des yeux.
Mon seul recours ainsi dans la voiture
avait été pendant la nuit obscure,
(car avant-jour nous partions le matin)
par-ci par-là de promener ma main ;
dont bien-loin de faire la mine,
la Belle était toujours chagrine
que je ne pusse aller un autre train.

Le soir venu, le couple à-l'ordinaire,
après soupé, reptit sa place au lit,
& bientôt après s'endormit.
Contre la Tante animé de colère,
de mon côté dans le mien je me mis ;
mais du Diable si je dormis !
Occupé de la Jouvencelle,
dans mon esprit je cherchais un moyen
de me trouver tête-à tête avec elle :
mais je me tourmentais envain.
Tout en cherchant, il me prit une envie,

à telle fin que de raison,
voyant l'une & l'autre endormie,
de m'en aller du côté du Tendron.
Rempli de cette fantaisie,
du lit je ſors, & marchant à tâton,
à petits pas, ſans poser le talon,
j'arrive enfin au fond de la ruelle.
Quand je ſuis là, ſans former de deſſein,
entre les draps je dépêche une main.
Avant d'arriver à la Belle,
ma main parcourt un aſſez long terrein.
Déterminé par la marche ſoudain,
bien doucement je me gliſſe auprès d'elle,
& pas-à-pas je pourſuis mon chemin.
Tout en alant ainſi mon train,
je rencontre une croupe nue,
ferme, douillette, & beaucoup plus dodue
que le Tendron ne me ſemblait devoir,
vu ſon corſage & ſa jeuneſſe, avoir.
Tout auſſitôt craignant quelque bévue,
je m'arrête déconcerté.
Je rêve en moi, puis quand ai bien rêvé,
convaincu que dans la ruelle,

j'ai vu coucher la Jouvencelle,
& que je ſuis de ſon côté,
ſur le coup-d'œil je crois m'être trompé.
Tout-bonnement alors je continue,
toujours avec grande précaution,
& ne trouvant nulle opposition,
heureusement je m'inſinue.
La Belle ençor par aucun mouvement,
(paraiſſant toujours endormie)
n'avait donné ſigne de vie,
& j'alais toujours en-avant.
Enfin certain frémiſſement
dont tout-d'un-coup je la ſentis ſaisie,
m'annonça que de la partie
elle alait être incontinent.
Encouragé par la douce eſpérance
qu'elle pourra partager mon tranſport*,
tant que je puis, plus-en plus je m'avance.
De l'autre part, je ſens que ſur ma panſe
la croupe pèse, & s'appuyait plus fort;
tant qu'à la fin prêt à tomber à terre,
je fus contraint de redoubler d'effort.
Ne doutant plus qu'elle ne fût d'accord,

d'un de mes bras doucement je la [illegible],
elle y répond, en appuyant encor.
N'eumes longtemps beſogné de la ſorte,
qu'un grand ſoupir elle pouſſa,
malgré la géne un peu ſe trémouſſa ;
& puis reſtant comme une morte,
ma-foi la Belle en ſyncope tomba.
Quand de ſa criſe elle fut revenue,
ſans faire aucune attention,
entre mes bras encor toute émue,
elle ſe jeta ſans façon ;
& ſans penſer au voiſinage,
de mille baiſers mon viſage
elle couvrit, pleine de paſſion.

Au mouvement que lui fit faire
ce tranſport par trop téméraire,
s'étant éveillée en ſurſaut,
la Dormeuse cria tout-haut :
Ma Tante ! ah ciel ! qu'êt-ce qui vous tourmente ?
A cette voix, à ce mot de ma Tante,
Dieu ſait comme je fus penaut.
Mais de leur lit deſcendant auſſitôt,
ſans bruit au mien je cours avec preſteſſe,

& dès que j'y fus arrivé,
comme aux clameurs si me fus éveillé,
à-mon-tour je crie, Eh-bien ! qu'est-ce ?
Voyant que je fuis éloigné,
madame Alix un-peu hors de détresse,
comme en sursaut aussi se réveillant,
bâille, soupire, & fabrique à sa Nièce
d'un songe affreux le récit effrayant,
dont elle fut tant agitée,
qu'encore en a l'âme troublée.
Lors tous les trois de songes devisant,
chacun le sien va racontant.
Sur ce propos nous raisonnions encore,
lorsque l'on vint nous avertir
qu'alait bientôt naître l'Aurore,
& qu'il est heure de partir.

Le jour passé, la nuit suivante,
sachant la disposition
où tout était la précédente,
& ne cherchant qu'à joindre le Tendron
(Nièce toujours valut mieux que la Tante),
sitôt que le couple dormit,
je m'en fus encor à son lit.

Mais aulieu de gagner dans la ruelle,
je m'arrêtai ſur le devant,
où ſe devait trouver la Jouvencelle,
& dans les draps me logeai doucement.
Dès que j'y fus, ſondant à-l'ordinaire,
ma main partout conduisis tâtonnant.
Mais quel fut mon étonnement
de trouver la même croupière,
qui devant moi ſe tenait fièrement!
Prenant bientôt mon parti noblement,
je m'en tirai de la même manière
que j'avais fait auparavant:
puis dans mon lit m'en-fus en enrageant.

Madame Alix cependant bien contente
de s'être fait une ſi bonne rente,
& d'avoir ſu ſi bien tromper l'Eſpion:
(car j'eus bientôt reconnu que la Tante,
changeant de place & de position,
en Femme rusée & prudente,
n'avait d'abord eu d'autre intention
que de me ſoufler le Tendron)
Or donc Alix toute joyeuse,
ſans plus faire la précieuse,

le lendemain me remontra combien
il nous était important que la Nièce
ne découvrît notre tendresse,
& qu'elle pût ne se douter de rien :
qu'aulieu d'aller à leur lit si près d'elle,
où nous pouvions éveiller cette Belle,
mieux convenait qu'elle vînt dans le mien :
plus librement à notre ardeur en proie,
nous y pourrions nous livrer à la joie.
La bonne Dame au fond avait raison.
Je n'eus aussi garde de dire non,
ni de chercher quelque frivole excuse,
quoique vîs bien que c'était une ruse
pour garantir encor mieux le Tendron,
en le sauvant de toute incursion.
Le traité fait, Alix, en Femme sage,
qui ne veut point amasser d'arrérage,
ne manqua pas de venir chaque soir
exactement sa rente recevoir.
Et l'on eût dit chaque fois, à la voir,
qu'à l'honneur de la Jouvencelle
s'intéressant avec un nouveau zèle,
elle eût voulu tarir le réservoir.

TANDIS qu'ainsi pendant la nuit obscure,
fort à mon aise, & sous ma couverture,
avec Alix alais un si bon train,
pendant le jour, enclos dans la voiture,
tous trois alions notre chemin,
& de Paris nous aprochions enfin.
Nous y devions coucher le lendemain.
Toujours épris des beaux yeux de la Nièce,
je n'avais pu jusques-là qu'en passant,
l'entretenir de ma tendresse,
& badiner quelquefois seulement.
Il est vrai que le badinage
avais su pousser assez loin
pour espérer d'en faire davantage,
quand nous pourrions nous trouver sans témoin.
Mais dame, c'était-là le point.
La Tante ne nous quittait point.
Envain d'accord avec la Nièce,
je cherchais à lui faire pièce;
elle fesait nos projets échoüer,
& parait tout avec adresse.
Ne savions plus à quel Saint nous voüer,
quand le hazard, père des avantures,

heureusement de nous ayant pitié,
vint avec nous se mettre de moitié,
& prenant au mieux ses mesures,
nous régala d'un plat de son métier.

DEJA la nuit était fort avancée.
Madame Alix sa rente ayant touchée,
paisiblement dormait entre ses draps.
Sa tendre Nièce auprès d'elle couchée,
reposant ses jeunes appas,
d'un songe heureux avait l'âme enivrée.
A mon égard, un bienfesant repos
me délâssait aussi de mes travaux.
Enfin tous trois nous dormions à-merveille.
Mais tout-à-coup les cris les plus perçans,
brusquement frapant notre oreille,
au doux sommeil arrachent tous nos sens.
Incontinent de la plus vive crainte
sommes saisis, & de périls pressans
déja tous trois croyons sentir l'atteinte:
moi cependant, afin de découvrir
de tels clameurs qui peut être la cause,
dans un temps où chacun repose,
nud je me lève, & vais la porte ouvrir.

A-peine y ſuis, que je vois notre Hôteſſe,
qui demi-nue autour de moi s'empreſſe,
(pour dame Alix tout d'abord me prenant)
entre eſſoufiée, enſuite nous apprend
que depuis la veille chés elle
eſt une Dame jeune & belle,
de ſa campagne à Paris retournant,
qui par malheur ſe trouve en mal d'enfant.
Puis de ſa part à dame Alix demande
que dans une peine ſi grande,
elle veuille la visiter,
& de ſes ſoins un moment l'aſſiſter.
En grande hâte Alix officieuse,
ne s'épargnant en cette occasion,
avec plaisir s'en-va chez la Crieuse.
De mon côté, ſans affectation,
tandis que la Dame s'apprête,
ayant formé mon projet dans ma tête
ſitôt la requisition,
pour qu'aucun ſoupçon ne l'arrête,
& que ſa Niéce au lit puiſſe laiſſer,
je m'offre de l'accompagner.
Lors à la clef fermant bien notre porte,

tout ſimplement avec moi je l'emporte,
& dans ma poche ai ſoin de la ſerrer,
ſans qu'elle penſe à me la demander.
Puis quand ai mis Alix chez la Malade,
où chacun eſt en conſternation,
ſans dire mot, finement je m'évade,
& je m'en viens retrouver le Tendron.

Dieu ſait avec quelle tendreſſe
l'aimable Enfant me reçut dans ſes bras;
& quelle fut mon allegreſſe,
quand je me vis maître de ſes appas!
N'écoutant plus que l'ardeur qui nous preſſe,
tous-deux en proie aux plus ardens deſirs,
tous-deux atteints de la plus douce ivreſſe,
tous-deux enfin nous mourons de plaiſirs.
Ces raviſſemens dont notre âme
ſe vit ſaiſie en ces heureux inſtans,
bien-loin d'éteindre notre flâme,
ne firent qu'alumer nos ſens.
Malgré le ſoin qu'avait eu notre Tante
de ſe faire payer ſa rente,
je me ſentais encore tout de feu,
& je trouvais la Nièce ſi charmante,

que nous alions recommencer le jeu.
Mais les chevaux qu'à la voiture
nous entendimes atteler,
forçant la Belle à se lever,
furieux de la conjoncture,
cent fois maudis la loi trop dure
qui m'oblige de la quitter.
Bientôt après, entendant le Cocher
qui contre nous tempête, crie & jure;
madame Alix je vais chercher :
& retournant à la chambre avec elle,
nous ouvrons ensemble à la Belle.
Gaîment ensuite tous les trois
dans notre pesant équipage
nous embarquons pour la dernière fois.

Ainsi finit notre voyage,
qui, comme on voit, ne fut pas malheureux;
puisque d'Alix grâce à la prévoyance,
& du hasard moyennant l'assistance,
aulieu d'une, j'en croquai deux.

Ainsi parla, ſans menſonge ni feinte,
le Gars qu'ai dit : Belles, ſi faites plainte
que trop gaillard eſt le Récit,
m'excuſerai : ne veux donner atteinte
à la pudeur qui dans vos yeux eſt peinte,
en racontant cet amoureux déduit :
mais veux plutôt vous inſpirer la crainte
d'eſcrocs d'honneur, qui Belle mainte & mainte
ſous faux-ſemblans finement ont ſéduit.
Car de mon Gars pour finir l'avanture,
dirai que du galant exploit
a réſulté depuis certaine enflure
qui mit la Nièce en très-grand deſarroi.
Pas n'a voulu, dans cette conjoncture,
l'ingrat Amant faire ceſſer l'émoi
qu'a reſſenti la tendre Créature.
Plus mal encor a fait ce Gars ſans foi ;
ſans intérêt l'a deſſervie :
car un Galant, de la Nièce jolie
adorateur ſolide & plus loyal,
il avertit d'en paſſer ſon envie
ſans ſe lier par le nœud conjugal.

Mais sa noirceur justement fut punie,
comme savez *: *Mal soit à qui veut mal!*

Or il est temps, aimable Rosalie,
de revenir à l'objet principal
que veux prouver par cette Rapsodie.

Trompez l'Amour; on peut leurrer
Enfant si jeune, & toujours en délire:
Mais si d'abord faussez le but qu'il mire,
Il recule pour mieux sauter.

* Voici comme l'on raconte cette seconde Avanture de la Nièce.

Un Gentilhomme était reçu dans une honnête maison, dont les Maîtres avaient une Nièce méritante & très-aimable: il sut gagner si-bien le cœur de la Jeune-personne, qu'elle n'eut aucune réserve pour lui. Mais l'Amour est un tiers ordinairement indiscret; il mit du desordre dans la taille de la charmante Nièce. Dès qu'elle s'aperçut d'un effet si commun, elle en fut extrêmement surprise, sans pourtant être fort affligée: elle instruit son Amant; ne doutant pas qu'il ne la mette à-l'abri de la honte, pour ne lui laisser que le plaisir d'être Mère. Ce fut aussi sur ce ton qu'il répondit. Mais le Perfide, que la facilité de sa Maitresse effrayait sans-doute, supprima ses visites. Les Parens de l'amoureuse Nièce en marquèrent de l'étonnement à celle-ci, qui dissimula quelque temps sa douleur & son indignation. Cependant le petit Témoin incomode, le devenant tous les jours davantage, il falut parler : elle dévoîla tout le mystère. L'Oncle, homme de sens, & la Tante expérimentée, virent tout-d'un-coup la cause de l'éloignement de leur faux Ami : sans perdre la tête, ni faire d'inutiles reproches, ils prétextèrent un voyage aux bains de *Plombières*, & menèrent leur Nièce dans un Pays, où, sous le nom d'une jeune Veuve, elle mettrait au jour l'ouvrage posthume d'un feu Mari.

Jusques-là tout alait bien. A son retour, la Nièce, un-peu pâle, n'en est que plus intéressante : aussi fit-elle une conquête. On ala vite au fait ; les articles sont dressés, les bancs publiés, &c.

Le Gentilhomme déloyal eſt informé de ce qui ſe paſſe; &, par une Lettre anonyme, il fait à l'Épouseur un détail circonſtancié des déportemens de ſa future Moitié. Le mariage ſe rompt; & l'Épouseur, charmé d'avoir garanti ſa tête de l'aigrette dont on voulait la panacher, paye les frais, indemniſe, ſans qu'on l'en preſſe, & ſe retire, ſans rien dire de desobligeant. L'aimable Nièce ne fut pas la dupe des défaites que donna ſon Amant; elle entrevit la vérité.

Paraît un troisième Galant, plus riche & plus épris que le dernier; l'affaire va plus vite encore; l'on eſt à la veille des épousailles, ſans aucune malencontre: ce jour, ce propre jour, le ſort voulut, que le Déloyal rencontrât le Futur, avec lequel il était brouillé depuis trois ans. Ce dernier, le cœur épanoui par la tendreſſe, veut ſe préparer au Sacrement par une bonne action, & ſe reconcilier avec un Ennemi, pour que Dieu béniſſe ſon mariage: il vole dans ſes bras. L'autre répond à la courtoisie; confidence du mariage. —Avec qui? —La Nièce de *M. tel.* Mouvement de surprise; sourire malin, phrases entrecoupées: —Qu'est-ce? la connaissez-vous? —Que de reste: je veux vous prouver que je ne vous ai jamais haï, en vous rendant un service—. Le Traître découvre tout, & se nomme. —Vous le prouverez, répond le Futur avec fureur? —Je le prouverai. —Vous le soutiendrez devant elle? —Je le soutiendrai—. Jour pris; la Demoiselle est prévenue de tout: le Déloyal paraît avec son Ami: la Nièce les fait passer dans une pièce séparée. Il soutient: elle nie: il détaille & circonstancie: pour-lors elle convient: —Mais, ajouta-telle, ma faute est l'effet d'une fragilité dont il est mille exemples; & ta déloyauté, ta noirceur, poussées jusqu'au point où je les vois, sont un forfait inouï: purgeons la terre d'un monstre—. Ce mot n'est pas fini, qu'un pistolet caché, part, & renverse mort le Déloyal. Sur-le-champ, l'Oncle, que le bruit vient d'effrayer, accourt, voit le cas; mais ſa conſternation ne l'empêche pas de ſonger aux moyens d'en prévenir les ſuites ; il vole aux pieds du Monarque, demande la grâce de ſa Nièce, & l'obtient. Ce n'eſt pas tout: pour comble de félicité, l'Epouseur charmé de l'Héroine du Sexe féminin, déclare qu'il ne la veut ni plus ſage, ni plus neuve: —Car, dit-il, ſi, pour venger ſa renommée, elle fut Dragon-de-courage; pour ne plus s'exposer à la perdre, elle ſera Dragon-de-vertu.

FIN D'IL-RECULE-POUR-MIEUX-SAUTER.

ÉPIGRAMME.

Dans POLLUX-& CASTOR *Gu*** ombre légère
Autour du Héros voltigeait :
Bien! (dit un Amateur, qu'on étoufe au Parterre,
Et qui de ſon mieux s'alongeait)
Pour être-là cette Nymphe eſt parfaite!
Hormis ſon gentil mouvement,
*On ne lui voit rien de vivant**;
Et l'illusion eſt complète.

* Cette admirable Danſeuse eſt l'opposé de l'embonpoint; l'on peut dire que la Nature l'a formée pour le genre gracieux & léger.

FIN.

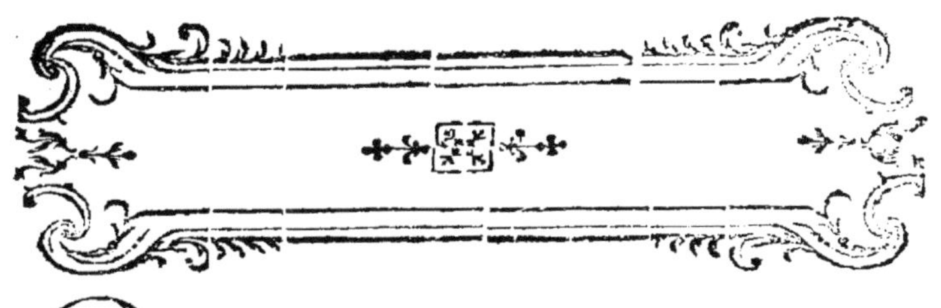

CONTR'AVIS AUX GENS-DE-LETTRES.

Par un Homme-de lettres qui entend ses véritables intérêts.

MESSIEURS,

JE respecte le zèle, les lumières & les talens de l'Homme-de-lettres, qui vient de prendre la plume pour nous avertir de veiller à nos Intérêts; je lui témoigne en particulier toute ma reconnaissance: Mais notre manière de voir est quelquefois opposée. Séduit par l'apparence d'une fausse extension de nos droits, il suit une lueur trompeuse: j'ôse dire qu'il n'a pas senti, qu'en s'élevant contre les Libraires, il ne fait que voter pour qu'on ôte à des hommes en-place & connus, une Exploitation que les Gens-de-lettres feraient forcés de donner à de nouveaux-venus fans caractère décidé, comme fans crédit.

Je vais, Messieurs, entrer dans quelques détails, qui répandront un nouveau jour fur cette matière.

I. L'Homme-de-lettres eft incapable de joindre à fa Profeffion les Détails du Commerce :

II. Il faut aux Hommes-de-lettres des Gens-de-confiance, des Hommes publics, qui foient leurs Facteurs :

III. Pour que cette Facture foit avantageuse & fûre ; que l'Homme-de-lettres jouiffe de toute la tranquillité néceffaire, il faut que fes Facteurs, fes Exploitans faffent un gain capable de compenfer les hasards & les pertes ; il faut que leur exploitation puiſſe leur procurer l'aiſance:

IV. En-conséquence, il eſt néceſſaire que les Gens-de-lettres ſe dépouillent ſciemment d'une portion du gain légitime qu'ils devraient faire, afin de jouir ſûrement & commodément du reſte.

De l'examen de ces quatre points, résultera la conſéquence, Que le véritable Homme-de-lettres ne peut, ni ne doit faire cause commune avec Ceux qui reclament en notre nom la liberté du Commerce de Livres.

I. *L'Homme-de-lettres eſt incapable de joindre à ſa profeſſion les détails du Commerce.*

C'est aux vrais Gens-de-lettres que j'en appelle, & non pas à de prétendus Connaiſſeurs qui en usurpent le nom; c'eſt à ceux qui composent, & que les Grecs deſignaient par le beau mot de ποιητης, *Feſeur*,

Inventeur, Créateur : Que ceux-là disent, si la répugnance invincible qu'ils ont pour toutes les discussions de commerce & d'intérêt, n'est pas fondée sur l'impossibilité d'en suivre les détails ? Je le sais par expérience : lorsqu'on est occupé de l'ouvrage le plus léger de la Littérature, un simple Roman, si l'on veut le bien faire, il faut s'y donner tout-entier ; oublier Femmes, Enfans, plaisirs, amusemens, sur-tout dans le temps où l'on crée les situations. A-la-vérité, beaucoup d'Auteurs actuels ne prètent pas cette importance à leur travail ; & c'est la raison de tant de productions fades, destituées de feu, de sel, d'intérêt, de raison. Que sera-ce, lorsqu'il s'agit d'ouvrages plus importans, où l'érudition doit à chaque pas étayer l'imagination, & donner un fond à son brillant coloris ? Le vrai Poète, le Jurisconsulte,

ſulte, le Naturaliſte, l'Hiſtorien, le Moraliſte, le Littérateur en tout genre, le Traducteur même, qui veut rendre le ſens, & non les mots, voila quels ſeront ceux dont j'invoque ici le témoignage & l'aveu : nul d'entr'eux, j'en ſuis ſûr, ne reclamera la liberté du commerce de Livres [1]. Mais, par la ſuite, je prouverai davantage, MESSIEURS ; je démontrerai, que nous devons reclamer contre la liberté qu'on demande imprudemment en notre nom : parce que,

II. *Il faut aux Hommes-de-lettres de vrais gens-de-confiance, des hommes publics & ſûrs, qui ſoient leurs Facteurs.*

SERA-CE à des Particuliers, ſans autre caractère que le titre vague d'Auteur, que vous donnerez votre confiance, Hommes-de-lettres [2] ? Non ; vous ne leur confierez jamais vos Productions : vous ſavez trop de quelle conſéquence il ſerait de les mettre en de pareilles mains. La prétendue qualité de Gens-de-lettres que ſe donnent les *Auteurs-libraires*, & la capacité qu'ils ſe croient, ſont ce qui doit vous inſpirer de la défiance. Un riche Libraire, tout-entier à ſon commerce, achète ſur votre réputation, ſi elle eſt faite ; il examine ou fait examiner, ſi vous n'êtes pas connu : dans ces deux cas, ou vous demeurez maître de votre manuſcrit qui reſte entre vos mains ; ou, s'il en ſort, il y revient au-bout du temps fixé par vous, dans l'état où vous l'avez donné. Mais s'il paſſe dans celles d'un Sous-auteur, d'un homme qui peut-être a la temérité d'entreprendre des Ouvrages, qu'il n'achève pas, faute d'idées[3], ne pourra-t-il pas s'aider de votre travail, le déguiser ; vous rendre enſuite votre ouvrage, en vous donnant de trèsſpécieuses raisons pour ne pas s'en charger ? MESSIEURS, j'ai vu ce que je viens ſimplement de ſuppoſer ; mais ce n'eſt pas du fait d'un Libraire que la chose eſt arrivée.

CE ne ſont donc pas des hommes obſcurs, ſans caractère décidé, que nous devons choisir pour Facteurs : ce ne ſont pas des hommes d'un état mixte entre le nôtre & celui des Libraires ; ces Métis ne ſont pas plus ſûrs dans le moral que dans le phyſique ; les *Auteurs-libraires* ſeraient des frelons dangereux, capables de gâter notre miel, en ſe l'appropriant : Mais nous devons prendre des hommes dont l'état tranche avec le nôtre ; qui ſoient de vrais Commerçans, connus pour tels dans le Royaume & de toute l'Europe : ce n'eſt qu'aidés & ſecondés par des gens de cette claſſe, que nos productions acquerront, non du mérite, qui dépendra toujours de nous, mais une célébrité plus prompte & plus grande. Vous n'ignorez pas, MESSIEURS, tous les moyens qu'emploie un Libraire au fait de sa profession, pour placer les éditions; ces moyens sont audessus du pouvoir & de l'industrie d'un Particulier, & même des petits Libraires; tel ouvrage, qui n'était pas sans mérite, a passé chés la Beurrière & l'Épicier, qui se fût vendu jusqu'au dernier, dans les magasins en réputation. Oui, MESSIEURS, un bon ouvrage veut être connu : Regardons, je vous prie, nos Libraires du même œil, dont ceux d'entre nous qui travaillent pour le Théâtre, envisagent leurs Acteurs; agissons de-même, & choisissons pour notre homme, le plus actif [4] & le plus intelligent. Un bon Auteur trouve toujours un bon Libraire : quant aux faibles Ècrivains, ils s'accommoderont des autres, ou renonceront à l'Art qui ne peut les nourrir; peut-être n'y perdront-ils rien, & le Public sûrement y gagnera. L'important est d'avoir des Hommes sûrs, entre les mains de qui nous puissions déposer ce que nous avons de plus chèr, notre bien & notre honneur. Il est certain que le Propriétaire sera mal-payé, si le Bail de la Ferme n'est pas avantageux au Colon : c'est le sujet de l'article suivant.

III. *Pour que la Facture* (de nos Ouvrages) *soit avantageuse & sûre ; pour que l'Homme-de-lettres jouisse de la tranquillité nécessaire, il faut que ses Exploitans fassent un gain capable de compenser les hasards & les pertes ; il faut* (en-outre) *que leur exploitation puisse leur procurer l'aisance.*

Cette Proposition est fondée sur la Raison, sur toutes les Loix de la Sociabilité, qui veulent que le gain, dans une Profession quelconque, ſoit en raison des avances & des riſques. L'*Avis* qu'on nous a donnés, MESSIEURS, différens Mémoires par un Avocat dont j'admire les lumières, & dont le ſtyle véhément annonce une âme forte, tous ces ouvrages tendent à faire regarder les gains des Libraires comme exorbitans, comparés à ceux des autres États. J'ôse dire ici, que l'Avocat célèbre dont je viens de parler, n'eſt pas auſſi parfaitement inſtruit ſur cette matière que ſur beaucoup d'autres, & qu'il s'en eſt trop rapporté aux criminations vagues de gens prévenus. Je connais parfaitement cette partie, ſans être Libraire : mais j'ai fait imprimer preſque tous mes ouvrages : obligé, pour-lors, à voir de près les Imprimeurs & les Libraires, l'envie dévorante ne s'eſt point élevée dans mon ſein ; elle n'a pas *lividé* mon visage. Je me ſuis mis en état de tout apprécier desintéreſſément ; & d'après l'examen, j'ai cru pouvoir me les justifier pleinement, & à vos yeux, MESSIEURS. Cependant je n'entrerai pas ici dans certains détails, dont vous pouvez vous instruire par vous-mêmes. L'Imprimeur & le Libraire se disculperont aisément, dès qu'ils auront affaire à ceux qui ne sont pas intéressés à les trouver criminels. Ne jugeons pas légèrement, & sur des apparences toujours trompeuses : un Politique qui se règlerait sur de pareilles inductions, aurait bientôt bouleversé l'État ; comme le Physicien qui se déciderait toujours par les analogies, n'établirait que de faux systèmes. Les gains des Libraires & ceux des Imprimeurs sont justement compensés avec leurs charges, avec le *comptant* qu'il faut donner à des Ouvriers hors d'état de supporter aucun crédit, &c. C'est d'après ce principe, que nous devons traiter avec eux. Pour moi, je proteste que dans mes arrangemens, j'ai trouvé leurs conditions raisonnables, & qu'en leur montrant de la confiance, ils ont traite mes Livres comme ceux de leur fond. Je n'aurais garde, Mrs, de vous citer mes faits, si j'étais un de ces grands Hommes, dont le Public attend impatiemment les Productions, & les accueille avec avidité.

Jetons un coup-d'œil sur les gains des Libraires; sur ces gains qu'on se plaît tant à exagérer, &c & qu'il serait si fort à souhaiter pour nous, qui fussent comme on les représente. Rien n'est plus aisé, Messieurs, que de les supputer.

Supposons un ouvrage *in-12* en quatre Parties, de quinze feuilles chacune, avec entrelignes, comme presque tous nos Romans, que l'on vend 6 livres, & dont on a tiré 2 mille Exemplaires : mettons toutes choses au taux où elles étaient il y a ſix mois. Je vois pour le Manuſcrit mis au plus bas, pour le papier, pour l'impreſſion, & les autres frais, une ſomme d'environ 6 mille livres: Si les 2 mille exemplaires ſe vendent, voila 12 mille francs; ſur quoi nous allons diminuer bien-près de la moitié: mais ces 12 mille livres résultent d'une vente à 6 livres l'exemplaire: or un Libraire qui fait imprimer ne vend pas le quart de ſon édition aux Particuliers; les trois-quarts paſſent entre les mains de ſes Confrères & des Colporteurs, tous gens à qui l'on fait une forte remiſe: le Libraire envoye en Province; d'où il reçoit en payement, ou des Billets à longues échéances, ou de mauvaises *Sortes*, dont le debit eſt fort dur. Bien-plus, ce même Libraire perd très-ſouvent partie de ſes envois de Province, au-point que quelques-uns s'y ſont ruinés: Par-deſſus tout cela, de vingt Ouvrages qu'un fort Libraire imprime par an, il n'y en a pas quatre qui ſe vendent juſqu'au dernier. Alors où ſont donc ces gains immenſes, tant exagérés ? Jugerons-nous par un fait particulier, ou par le courant ? la Raison décide : *Medio tutiſſimus ibis.*

Si donc il ſe trouve qu'un Libraire rencontre par hasard un Ouvrage excellent, ſur lequel il gagne cent-pour-cent (5); je vous demande, MESSIEURS, ſi ce gain n'eſt pas légitime? C'eſt une *épave*, qu'il en profite : Et plût-au-ciel pouvoir leur en donner quelqu'une ! Non, MESSIEURS, le Libraire ne ſera pas alors un ingrat; il le ſera ſur-tout moins qu'un *Auteur-libraire*, qui, s'il avait ajouté deux mots à votre Manuſcrit, s'attribuerait tout le mérite du ſuccès & s'en ferait un titre pour vous refuser la plus légère portion dans le bénéfice. Le Libraire du-moins ne touchera pas à votre gloire : d'ailleurs, vous ne traitez ſouvent avec lui que pour une édition, dont vous pouvez concerter le nombre; & rien de ſi facile que de découvrir s'il en fait une ſeconde à votre inſçu. Dans le cas où vos ſuccès ſont éclatans, vous le tenez alors; & je connais tels Ècrivains agréables, qui, ſans être montés au ſommet du Parnaſſe, ſavent aſſez-bien tirer parti de leur réputation, pour ſe faire un fonds de leurs Ouvrages dont le Libraire n'eſt que le Fermier.

Je ſuis loin de vous avoir détaillé tous les inconvéniens du Commerce de Livres, & tous ſes riſques; je n'ai pas encore parlé des *Contrefaçons*, ce brigandage odieux que juſqu'à préſent la ſageſſe de notre Magiſtrat & la plus exacte Police n'ont pu réprimer.

Si nos Ouvrages réuſſiſſent, ils ſont contrefaits; il ne s'agit pas même pour cela qu'ils ſoient d'un mérite tranſcendant; un débit demi-rapide ſuffit pour exciter la cupidité (cet inconvénient m'eſt arrivé pour deux Bagatelles, auſquelles je n'attribuai jamais une grande valeur). Or vous ſentez, MESSIEURS, que la contrefaçon, où l'on a rien rétribué à l'Auteur, où l'on a *regagné* des feuilles, en ſerrant la *composition* typographique, ſe donne à meilleur compte, retarde parconſéquent le débit, ou fait tomber l'Édition-matrice. Dira-t-on que les Contrefaçons ne valent pas les autres éditions? Cela n'eſt pas toujours vrai. Si l'ouvrage a des éditions *légitimes*, poſtérieures à la première, & que l'Auteur ait augmenté, corrigé; les éditions *bâtardes*, faites ſur une précédente, ſont inférieures: mais dans toute autre rencontre, le Contrefacteur peut rendre ſon édition auſſi parfaite que la légitime, & parconſéquent, faire tomber cette dernière, en mettant ſes Exemplaires à meilleur compte;

parce qu'allât-il ligne-pour-ligne, page-pour-page, pour mieux en imposer, il peut être dans un Pays où la main-d'œuvre & les papiers seront à plus grand marché [6]. C'eſt pour engager le Gouvernement à reprimer efficacement cet abus, que nous devrions, MESSIEURS, réunir nos inſtances, en employant toute la conſidération dont jouiſſent le plus grand nombre d'entre nous. Alors, qu'arrivera-t-il ? ce que je vais détailler, MESSIEURS ; & ce ne ſeront pas des chimères. Repréſentez-vous les Contrefaçons comme abſolument intolérées dans le Royaume : dans ce cas, le Libraire de Lyon, de Rouen, de Bordeaux, &c ; qui ne pourra plus pirater ; dont les fonds demeureront inutiles, ſe remuera pour les placer avantageuſement : c'eſt à vous, MESSIEURS, qu'il s'adreſſera : les Hommes-de-lettres, dont le nom & les ouvrages ſont conſignés dans la *France-Littéraire*, ſeront recherchés; l'on viendra les preſſer, les engager à travailler, par tous les moyens les plus efficaces ſur l'eſprit des hommes. Les Libraires de Paris, jaloux de la concurrence, plus à-portée de nous connaître, préviendront les Étrangers; & tel Manuſcrit qui n'eût été vendu que 300 livres, doublera, triplera le plus ſouvent, ſans que le Libraire ſoit exposé à faire un mauvais marché [9]. Oui, MESSIEURS, ce moyen eſt le ſeul de faire déposer aux Libraires cette morgue qu'on leur reproche (dont pourtant on ne doit accuser que des Particuliers, & non le Corps): c'eſt le ſeul moyen de nous ſouſtraire *réllement* à leur tyrannie, à l'usurpation de nos droits, dont quelqu'un d'entr'eux a peut-être eu la ſote vanité de ſe targuer. J'ai trouvé, MESSIEURS, la vraie cause du mal; c'eſt au Père de la Patrie d'en tarir la ſource, en protégeant des Citoyens qui feront autant d'honneur à ſon règne, que les victoires & les conquêtes.

DANS l'état présent des choses, il faut envisager les inconvéniens inévitables, lorſqu'on traite avec un Libraire: nous ne fesons pas tous de ces immenſes Amas d'érudition, dont la valeur foncière met à l'abri des chutes: Mais quelqu'un d'entre nous eût-il maintenant un Ouvrage de ce genre tout-prêt à paraître, la Librairie, mal à-propos décriée trouvera-t-elle des *Souſcriptions* [8]? & s'il ne s'en présente pas, eſt-il juſte que celui qui l'entreprendra, qui, pour l'imprimer, exposera ſa fortune ſans être ſûr du ſuccès, ne puiſſe avoir l'expectative d'un lucre proportionné à ſes riſques? N'eſt-ce pas le droit commun des Négocians? droit que le Gouvernement ſuppose dans toutes les Entreprises qu'il autorise;

droit fondamental de l'établissement des Loteries, où le risque si grand de perdre une petite somme, est compensé par la possibilité d'en gagner une considérable? Le débit d'un Livre est un peu plus sûr, à-la vérité; mais ce n'est pas une mise de Loterie, qui le fait imprimer; il faut des sommes immenses : Or si le Libraire avance 20 mille livres, la légitimeté de son gain, en vertu de la compensation reçue, admise dans tous les états commerçans, pour les risques, les peines, les avances, ne pourrait être blessée par le double de cette somme.

C'est sur ces principes certains, reconnus par toutes les Nations, qu'il faut juger les Libraires. Rappelez-vous, Messieurs, l'Histoire de l'impression d'un fameux Dictionnaire, l'honneur de notre siècle; considérez, que, malgré les Souscriptions,

criptions, le ſort des Libraires n'était pas aſſuré, vu la nature, la longueur de l'ouvrage, & ſes ennemis puiſſans : Informez-vous des préparatifs, des frais immenſes, & vous ſerez convaincu, que cet ouvrage arrêté, & l'action donnée aux *Souſcripteurs* pour ſe faire rendre, les Entrepreneurs étaient culbutés ſans reſſource [11]. Quoi ! les Libraires, qui, dans cette Entreprise périlleuse, reſſemblaient au Négociant qui a confié ſa fortune aux caprices des vents, ne pourront lui reſſembler, lorſqu'il s'agira du ſuccès ! Les Perſonnes intéreſſées à les accuser peuvent l'avancer, ſans le croire ; mais nous, MESSIEURS, nous ne diſons que ce que nous penſons.

VOUS le ſavez, RESPECTABLES CONFRÈRES ; les hommes-en-ſociété ſe ſont eux-mêmes partagés en différentes claſſes, que l'on nomme *états*, d'où résultèrent ensuite les conditions. Chaque *état* s'attribua des occupations particulières, dans des vues, pour un but quelconque ; & suivant que ce but était unique ou multiple [10], il était aussi plus ou moins important de l'atteindre. Le divin Homère, en récitant ses Vers admirables, n'avait pas seulement en vue une subsistance précaire ; ce but n'était qu'en second ; son premier & son noble motif était la gloire ; ce but fut rempli sans-doute au-delà de ses espérances. —Mais le Copiste du divin Homère, quel but devait-il avoir ? —Le gain, uniquement le gain ; ce motif seul pouvait l'engager à faire des Copies. —Quel but peut & doit avoir un Négociant, enfermé dans son obscur magasin ? —Le profit. —Quelles sont les causes morales de la façon de penser d'Homère, du Copiste & du Négociant ? —Les deux derniers, ôtez le gain, resteraient sans gloire parmi leurs Concitoyens; le bien seul peut les couvrir de cette gloire dont les hommes ont le desir inné; mais le gain ne la donne que par reflet, comme la lune nous renvoie la lumière du soleil; aulieu que le divin Homère la reçoit directement: voila pourquoi l'intérêt a si peu de pouvoir sur lui; qu'il en a tant sur les deux autres. Ce petit raisonnement n'est que préparatoire.

Les hommes de tous les *états* desirent la gloire; elle est leur tout-puissant mobile; le gain, à tous, même à l'Avare, n'est que le *moyen*. Mais les *états* les moins glorieux par eux-mêmes, sont précisément les plus nécessaires à la splendeur de ces grandes Associations d'hommes, que l'on nomme Républiques, Royaumes, Empires. Comment diriger l'instinct des hommes pour la gloire vers ces états inglorieux ? Les Légiflateurs & les Politiques n'en ont pas trouvé d'autres, que de les rendre plus lucratifs ; & ce, à-proportion de la difficulté, des périls, de l'affujétiffement, des inquiétudes, &c. C'eft ainfi que chés toutes les Nations, les Souverains ont confenti à laiffer aux Financiers des gains exorbitans, afin que la confidération particulière qu'ils s'attirent par leurs richeffes, par les bienfaits qu'ils peuvent répandre, contrebalançât la haîne publique, dont ils font chargés. C'eft ainfi que le Négociant qui va d'un bout de la terre à l'autre nous chercher ce qui nous manque, en portant notre fuperflu, jouit, par une convention tacite, d'un gain capable de l'encourager à braver tous les périls & même la mort : s'il fe ruine, fes travaux même font fa honte ; s'il réuffit, tout lui devient glorieux. Le Soldat aucontraire eft mené par la gloire directe; s'il expose sa vie, sa mort est glorieuse, &c. Considérons philosophiquement cette marche, nécessaire dans la Société; voyons qu'elle en est le plus ferme appui; persuadons nous bien que ceux qui, par des vues particulières, voudraient la déranger, sont de mauvais Citoyens.

OTEZ les profits considérables du Négociant de la Cité de Londres, vous ferez plus de tort à l'Angleterre, qu'en lui enlevant ses possessions, Gibraltar, & lui gagnant dix batailles. Otez aux Libraires de France le pouvoir de porter leur bénéfice jusqu'où l'industrie peut l'étendre, vous renversez la Librairie, & par contrecoup la Littérature entière. C'est ici la querelle de l'Estomac & des Membres sous une autre face; le premier ne veut pas que le pied & la main prennent une nourriture suffisante; & bientôt l'un ne pourra le porter, & l'autre le ſervir : l'effet eſt le même dans les deux manières de préſenter cet Apologue.

Si les Libraires ne participent en rien à la gloire de l'Auteur; s'ils ne peuvent avoir pour but que le gain légitime permis dans tous les autres états, en vendant nos ouvrages ; il faut que ce gain ſoit aſſez fort pour leur faire ſurmonter les dégoûts, & les déterminer à ſeconder de tout leur pouvoir les vues de l'Auteur, en le portant au but où il tend, la *célébrité*.

Si les Libraires ne font pas ce gain ſuffiſant, & s'ils demeurent pauvres, non-ſeulement ils ne pourront entreprendre la publication de nos ouvrages; mais s'ils avaient la témérité de le faire, ils ne pourraient nous payer nos honoraires : plusieurs d'entre nous, Messieurs, ont eu ſans-doute affaire à des Bibliopoles de cette eſpèce, & ne ſont pas à s'en repentir. Supposons que nous fassions imprimer ; ôserons-nous confier notre ouvrage, nos espérances à l'Exploitant, qui ne pourrait en répondre ? fût-il honnête-homme, la nécessité ne le contraindra-t elle pas à divertir nos fonds &c ? J'ai pardevers moi l'expérience de ce dernier inconvénient.

ENFIN, loin de s'attaquer indirectement au Législateur qui a formé les Communautés, en l'accusant d'avoir restreint nos droits, nous devons admirer & louer sa sagesse, qui nous a donné des Hommes connus, aulieu des Avanturiers qu'il nous aurait falu chercher. Cet établissement de la Communauté des Libraires ressemble à celui de tous les autres Corps, qui tiennent à la Constitution de l'État ; qui ont des droits, des priviléges, sans lesquels leur institution serait illusoire. Ces droits sont sacrés, comme la propriété de nos ouvrages : tous les Membres de la Société ſont égaux dans leurs droits eſſenciels & reſpectiſs ; l'on ne fera pas une moindre injuſtice en dépouillant de ſes prérogatives le Confrère de Saint-Crépin, que ſi l'on entreprenait ſur celles du Commenſal de la Maison-du-Roi. Les Libraires peuvent donc reclamer l'*exclusiveté* de leur Commerce ; il eſt de notre intérêt qu'ils l'obtiennent, puiſque loin de porter atteinte à nos droits, elle ne fera que les aſſurer. Des hommes fièrs d'un titre égal au nôtre, des *Auteurs-libraires* en un mot, ſe regarderaient *comme les Maîtres du champ de la Littérature*, & nous réduiraient bientôt dans un véritable eſclavage.

IV. *Il eſt néceſſaire que les Gens-de-lettres ſe dépouillent ſciemment d'une portion du gain légitime qu'ils devraient faire, afin de jouir plus ſûrement & plus commodement du reſte.*

Ce quatrième Point eſt déja prouvé ;

vé; il n'y a qu'un *Auteur-libraire* qui puiſſe le conteſter : mais comme ni vous ni moi n'ambitionnons la dernière de ces qualités, MESSIEURS, nous regarderons la Propoſition comme démontrée. Cependant, pour ne rien laiſſer à deſirer, voyons quelle marche ſuit l'Écrivain qui débute dans la Littérature.

IL faut convenir, qu'à ſon premier ouvrage, l'Homme-de-lettres n'eſt pas accueilli des Libraires : la multitude des Écrivailleurs qui chaque jour leur tend des piéges, les rend quelquefois d'un abord fort dur : ils ont tort ; & j'en ai trouvé pluſieurs parmi eux, qui blâmaient hautement leurs Confrères de l'*hiſpidité* qu'ils affichent. Mais lorſque l'Homme-de-lettres a débuté ; que le goût du Public l'a diſtingué de la foule, le Libraire hériſſé commence à ſe dérider ; il prend à ſon tour l'air affable & recherchant; & si l'Homme-de-lettres veut se donner la petite satisfaction de lui rendre ses hauteurs, il est à-même; le Libraire sait qu'il doit tout passer aux Gens-de-mérite, dont les ouvrages feront fleurir son commerce. Cet intérêt, dont on fait un crime à des Commerçans; cette soif de l'or, le nerf de la Société, sera précisément ce qui rendra le Libraire plus accommodant & plus soumis. —Mon Livre a réussi, dirons-nous; c'est le passe-port de celui que je vous présente, valable pour vous & pour tous les Libraires du Royaume: je vous donne la préférence; mais il me faut tant—. Un troisième ouvrage, aulieu d'un passe-port, en a deux, s'il a réussi. Notre sort, MESSIEURS, est donc entre nos mains: jamais, jamais un Libraire ne nous fera la loi. A-la-vérité, si je fais imprimer moi-même, le Bibliobole à qui je me confie, peut ralentir la vente, ou ne pas l'accélérer, par différentes raisons; cet inconvénient est réel; mais je ne vois pas qu'il puisse y avoir de remède; les *Auteurs-libraires* en feraient autant, & pis encore; tâchons de trouver un honnête-homme[11]: mais ne disons pas que nous détaillerons nous-mêmes: impossible! nos maisons ne feraient ni connues, ni à la portée du Public; nous ne pourrions que répondre aux semonces, & non commercer, négocier, échanger, &c, sans renoncer à notre profession.

OUI, MESSIEURS; loin de chercher à déprimer la Librairie & les Libraires, l'Homme-de-lettres, qui veut être conséquent, prendra leur défense, & démontrera la noblesse & l'utilité du Commerce qu'ils exercent; il s'efforcera de lui concilier la protection du Souverain, & la

§ 2

bienveuillance de ses Ministres. C'est de vous, MESSIEURS, que je vais bien mériter, en montrant la dignité d'un état relatif au nôtre : tout ce qui se rapporte aux Lettres, est honnête & relevé comme elles.

SERA-T-IL néceſſaire d'exposer les raisons de la faveur, que je vous engage à reclamer pour la Librairie, ou plutôt pour la Littérature ? vous les connaiſſez ; mais il est bon de prouver à notre siècle, que les Gens-de-lettres sont les premiers & les plus utiles des Citoyens. Notre cause & celle des Libraires sont tellement liées, que loin de m'éloigner de mon sujet principal, j'y vais aucontraire par ce détour apparent : ne séparons pas, MESSIEURS, ce que la néceſſité, la raison, les convenances & l'intérêt ont unis. Ce qui détermine la place que doit occuper un Membre de la Société, n'est pas seulement la néceſſité de la profeſſion, mais ſon *hors-de-portée.* L'Agriculture eſt le plus néceſſaire des états; il n'eſt pas, & ne doit pas être le plus conſidéré; nous pouvions tous être Agriculteurs, ſi l'on nous eût fait contracter dans l'enfance l'habitude des travaux de la campagne : mais l'art de produire les chefs-d'œuvres des *Corneille*, des *Racine*, des *Molière*, des *Regnard*, des *Deſtouches* & des *Lachauſſée;* ceux des *Paſcal*, des *Boſſuets*, des *Maſſillons;* les découvertes des *Deſcartes*, des *Newton*, des *Reaumur;* les ouvrageuses Collections des *Mabillon*, des *Lecointe*, &c, n'eſt l'appanage que de peu d'individus; de ces Hommes rares que la Nature produit un-à-un : les *Voltaire*, les *Rouſſeau*, les *Monteſquieu*, les *Buffon*, les *Nollet*, les d'*Alembert*, les *Marmontel*, les *Diderot*, les *Fréron*, les *Bergier*, les *LeTourneur*, m.[me] *Riccoboni* &c, chacun dans leur genre, ſont l'honeur de leur ſiècle & de notre Nation: Mais ce n'eſt pas tout; ces mêmes Auteurs ſont *matériellement* utiles à l'État par le commerce qu'ils occasionnent ; & l'Exploitant qu'ils mettent en action, l'eſt autant qu'eux, conſidéré ſous ce dernier point-de-vue. En établiſſant l'utilité de la Littérature, relativement à la Nation Françaiſe, je prouve du même trait l'importance de la Librairie.

DANS la position où ſe trouve la France, relativement aux autres États, le *Commerce de Livres eſt le plus avantageux à la Nation.* Cette Propoſition, qui d'abord ſemble paradoxale, eſt facile à démontrer. Le Commerçant d'étofes, dont perſonne ne conteſte la *néceſſité*, ne l'emportera pas en dignité, en importance pour la *Nation Françaiſe*, ſi l'on conſidère, 1.nt Que ce Commerçant ne réunit pas la main d'œuvre au détail ; 2.nt Que, même en la réuniſſant, il n'emploie pas uniquement les matières premières de notre crû ; les Manufacturiers tirant des laines d'Angleterre, d'Espagne ; de soies de Piémont, de Gênes & de toute l'Italie, &c. 3.^nt Que nos belles Manufactures de Lyon, l'étonnement & l'admiration de l'Univers, peuvent, ainsi que nos autres Fabriques, passer à l'Étranger : déja nos Voisins les imitent, & profitent de l'expérience de nos meilleurs Ouvriers, que l'on a malheureusement négligés dans des temps fâcheux, il est vrai, mais qui pouvaient être prévus. 4.^nt Enfin, qu'il n'est point de Commerce, où les matières premières soient susceptibles d'une mise en valeur, par l'intelligence & l'industrie, comme celles qui sont relatives aux Gens de-lettres & à leurs Exploitans. Revenons à ces quatre considérations.

I. L'HOMME-DE-LETTRES *Français* crée un genre de Marchandises, qui a cours chés les Nations voisines, & qui fait que nous échangeons de l'eſprit pour de l'argent & des denrées : le Libraire, ſon Exploitant, donne la forme, & détaille tout-à-la-fois ; il eſt Manufacturier & Marchand. L'Homme-de-lettres & le Libraire nourriſſent aux dépens de l'Étranger, le Papetier, le Fondeur de caractères, l'Imprimeur, le Relieur, le Graveur dans les deux genres, & donnent des ſecours à preſque tous les autres arts & métiers.

2.^nt LA matière première des Libraires eſt le papier : ſa préparation réſulte de ce qu'il y a de plus vil & de plus inutile; de choses qui ſeraient perdues, & que l'on foule aux pieds, auxquelles la Littérature ſeule peut donner un prix; & ces choses ſont dans l'État.

3.^nt L'on peut nous enlever nos Manufactures, en les imitant; mais la Librairie protégée, encouragée, nous forme une branche de Commerce inamiſſible : jamais tête Allemande, Anglaise, Eſpagnole, Ruſſienne, n'enfantera nos Ouvrages légers, nos Drames dans les trois genres actuels, &c. Il eſt donc de la plus grande importance d'étendre le Commerce *Français* proprement dit, de le rendre floriſſant, en protégeant l'Homme-de-lettres, en aſſurant les entrepriſes du Libraire ſon Facteur ; les Contrefaçons en ſont la ruine : en délivrant la Littérature & la Librairie des plantes parasites, l'Auteur jouit de toute ſa propriété, le Libraire riſque peu ; tout s'anime, tout proſpère. De mauvais Politiques, ou des hommes bisarres, fanatiques, peuvent dire que les Lettres ont nui ; mais le vrai Citoyen ſait trop combien elles ſont avantageuses, dans les deux rapports des lumières & de l'intérêt.

4.nt Si l'on n'en excepte la Peinture, l'Art que l'on cultive aux Gobelins, la Gravure & la Sculpture, il n'eſt point d'Art qui rende la matière auſſi précieuse que le nôtre, MESSIEURS; encore n'eſt-ce que la facilité de nous copier & de nous imprimer, qui donne (en ce ſens) à nos Ouvrages une apparente infériorité : ſi, comme les Tableaux de *Raphaèl*, le *Lutrin*, l'*Art-Poétique*, *Radamiſthe*, *Mahomet*, l'*Eſprit-des-loix* &c, ne pouvaient ſe multiplier que par des copies imparfaites, il n'y aurait pas de richeſſes représentatives qui puſſent contrebalancer ces chefs-d'œuvres: Mais ils peuvent ſe copier avec tout leur mérite & toute leur expreſſion : conſidérons-les comme ne valant que le prix qu'ils coûtent chés le Libraire. Une Rame de papier à 12 livres (les droits acquités) coûte à l'Ètranger, après l'impreſſion, au-moins 40 livres. Voila 28 liv. que la ſeule induſtrie du Littérateur Français & de ſon Exploitant procure de rentrée pour le Royaume. Dans la position de la Capitale relativement aux États qui nous environnent, la Littérature en tout genre eſt donc le commerce le plus avantageux pour la Nation [12].

JE m'arrête : inſenſiblement la matière m'emporte, & ces quatre Conſidérations formeraient un volume. Je n'ai pas la préſomption, MRS, de prétendre vous inſtruire de votre importance : Rappelons-nous ſeulement que le Libraire la partage en ce qui concerne les avantages matériels ; Qu'il eſt notre Agent libre ; & que ne participant jamais à notre gloire littéraire, il n'a que le profit pour l'encourager ; Que c'eſt à nous de le payer, en lui cédant aſſez pour qu'il voye un puiſſant motif de nous ſeconder [13]. Mais c'eſt à lui, s'il veut mériter de la conſidération ; s'il veut que le *champ de la Littérature*

(dont il n'eſt que l'Exploitant) lui procure l'aiſance, & même la fortune; c'eſt à lui, dis-je, de rendre ſcrupuleusement tout ce qu'il doit à Ceux qui ſeuls peuvent enſemencer. L'*Or eſt vil* (je le ſais bien; & je me prête même à l'indécente raillerie de ceux qui disent que nous ne devons travailler que pour la gloire) l'Or eſt vil; mais le fumier, plus vil encore, porte l'abondance & la fertilité dans nos guérêts.

D'APRÈS cette manière vraie d'envisager les rapports des Gens-de lettres & des Libraires, je vais, MESSIEURS, jeter un coup d'œil rapide ſur l'*Avis* qu'on nous a donné.

Les Libraires nous traitent *en Ilotes.* [Les Contrefaçons rendent le Libraire craintif & rebutant; la foule des mauvais Écrivains le rend dédaigneux; il ne peut en être autrement. Mais gardent-ils ce ton avec les Hommes connus ?

Ils ont *tout le profit.* [Quelques Membres d'une Communauté nombreuse commettent des injuſtices; le fait eſt trop ordinaire pour qu'on en ſoit ſurpris; le contraire tiendrait du prodige; mais le coupable démasqué, sera-t-il impuni? L'honnête Libraire n'a que sa portion légitime dans le bénéfice, à titre d'Exploitant, & parce-qu'il nous donne son temps, son industrie, sa boutique & sa célébrité dans le Commerce.

Ils se regardent comme *les Maîtres du champ de la Littérature*. [Les Libraires ne peuvent avoir cette prétension ridicule; ils se regardent comme Propriétaires des fonds que nous leur avons cédés; tous leurs droits, ils reconnaissent les tenir de nous; les Cessions en font foi.

Ils ont l'audace de poursuivre en justice l'*Écrivain industrieux*... [Èpithète singulière & nouvelle! Vous ont ils poursuivis, MESSIEURS? Non; vous n'êtes pas industrieux de la manière qu'on entend ici]. *La Cause est donc celle de tous les Hommes qui pensent*. [qui commercent, il falait dire. La citation qu'on lit ensuite de M. *De Voltaire* n'est pas appliquée. Dans quel temps les Libraires, ont-ils prétendu, comme les Apothicaires, se passer des Gens-de-lettres? Un Auteur-libraire (tel qu'on voudrait nous en donner) qui dénature un manuscrit confié, pourra dire à l'Homme-de-letres : --Votre Ouvrage était bien faible! point de goût, point d'ordre; de fort bonnes choses par-ci par-là, mais noyées... J'ai tout réparé; je l'imprime; mais... à-condition..- --Quelle est-elle, Monsieur? --De le mettre sous mon nom. Il le faut pour mon commerce; sans quoi, je ne puis me charger de votre Production--. A cela point de replique. Le même inconvénient eut-il jamais lieu avec les Libraires? Se sont-ils ainsi jamais rendus les maîtres de la Littérature?

L'on nous fait une longue suite de nos impuissances. « Nous ne pouvons faire usage de notre Privilége-du-Roi ; Nous ne pouvons recevoir notre honoraire qu'en argent ; Nous ne pouvons aller acheter des Livres dans leurs boutiques, pour les envoyer à des Libraires de Province ; Nous ne pouvons céder nos Manuscrits à un autre Auteur » qui remplira toutes les commissions du Libraire &c. [Le Privilége du Roi nous maintient dans notre possession, nous & nos Ayans-cause ; & notre Ouvrage est à nous, tant que nous n'en avons pas fait la cession au Libraire. Nous recevons nos honoraires comme il nous plaît ; mais si nous commerçons avec ces honoraires, c'est précisément comme si nous le fesions avec de l'argent venu d'ailleurs ; c'est nous mettre dans un état qui n'est pas le nôtre ; c'est abjurer la qualité d'Homme-de-lettres, pour descendre à celle de Facteur & d'Exploitant. Ainsi, nous ne pouvons, sans être Libraires, aller acheter des Ouvrages dans les magasins des Commerçans de Livres, pour faire des envois ; parce-que c'est commercer, réunir deux incompatibles, la Littérature, & le Commerce ; & que dès que nous serons Libraires, nous ne sommes plus Littérateurs. Or l'on ne peut entrer sans droit dans une Communauté, si le Souverain ne l'anéantit. Jamais un Gouvernement sage ne supprimera celle des Libraires ; la publicité de leur Commerce importe trop aux mœurs. Enfin nous ne pouvons céder notre Ms en communiquant un droit que nous n'eumes jamais, celui de *librayer*. Sans-doute les Syndics-&-Adjoints n'ont pas droit de venir chés moi ſaiſir une édition que je viens de faire imprimer, que je vais mettre en vente, ou que je veux garder quelque temps pour attendre des circonſtances favorables [14]; mais ils ont celui de ſaiſir l'Auteur-libraire ayant magasin, bureau, regîtres [15], Commis, Emballeurs &c; cet homme n'eſt plus notre confrère; c'eſt un Exploitant qui doit être forcé de légitimer ſon commerce, par les voies ordinaires.

Je ne ſuivrai pas l'Auteur de l'*Avis* dans ſes Réponſes aux Libraires: ſans-doute il eſt avantageux pour tous ceux qui voudront commercer, ſans être Libraires, que la demande faite au nom des Gens-de-Lettres ſoit accueillie; car tout le monde peut ſe métamorphoser en faux Homme-de-Lettres, dès qu'il aura corrigé quelques mots ſur un Manuſcrit, ou mis ſon nom au Frontiſpice d'une Brochure: & jugez quels abus ſuivraient! Pour nous, Messieurs, notre véritable intérêt eſt que nos Libraires ſoient privilégiés; qu'ils ſoient aisés autant qu'honnêtes [16];

car ils nous payeraient fort mal, s'ils n'avaient que cette dernière qualité.

Je termine par-là ce *Contr'Avis*, dicté par le zèle, le patriotisme & mon respect pour vous, Messieurs. Imitons le Monarque sage, qui rend ses conquêtes pour assurer la tranquillité de ses États héréditaires; le Souverain patriote qui repousse le despotisme séduisant, pour se contenter de ses droits légitimes; nous en recueillerons le même fruit: nous serons servis fidèlement, avec zèle, avec amitié [17].

Je suis avec un profond respect,

Messieurs & très-dignes Confrères,

Votre très-humble
& très-obéissant
Serviteur,

** *Auteur de plusieurs Ouvrages.*

Notes.

NOTES.

[1] On en peut dire autant, *vice verſâ;* tout *Libraire-homme-de-lettres* fait auſſi mal ſes affaires pour le profit, que l'*Homme-de-lettres-libraire* les fera pour la gloire : les *Foulis* de Glaſcow, ont acquis plus de célébrité que de bien, & le dernier des fameux *Eſtiennes* de Paris eſt mort à l'hopital. Je pourrais citer parmi nos Contemporains *tel* & *tel*, ruinés pour avoir ôsé coaſſer dans les marais du Parnaſſe ; *tel* autre encore, d'un mérite reconnu, que des fonds immenſes n'ont pu garantir de l'écueil ordinaire. Un Libraire doit-il donc être ignorant ? Non ſans-doute ; ſa réception ſuppose des études & des connaiſſances, relatives à ſon état, qui le diſtingueront toujours des autres Commerçans : mais ſa littérature doit être *paſſive*, & non pas *active ;* les Muses veulent qu'il ſoit le Gardien, & non le Prêtre de leur Temple. Cette fonction rend l'état de Libraire le premier des états commerçans ; il eſt le canal des Connaiſſances ; il participe à la gloire des Gens-de-lettres, dont il eſt le bras : c'eſt ſous ce point-de-vue que l'envisageait Louis XIV, lorſque ce ſage Monarque l'appanagea de tant priviléges, ſuite de la protection qu'il accordait aux Lettres.

[2] S'il ſe formait une *Compagnie-d'Auteurs* &c, elle aurait un caractère diſtinctif ; ce ſerait une Société d'*Auteurs-libraires*. J'ôse aſſurer d'après l'expérience, qu'elle ne ſubſiſterait pas longtemps, ou qu'elle paſſerait à des hommes

tout à-fait commerçans : & voila de purs Libraires. Il n'est pas de *Société typographique* actuellement existante qui ne soit réellement administrée par un Homme *non-lettré*; je suis en état de le prouver (& quelque chose de-plus, c'est que les *Auteurs* ont beaucoup à se plaindre). Je serais tenté de croire que l'on n'en veut qu'au nom de *Libraire*, puisqu'on est toujours forcé de revenir à la chose.

[3] Et qui par cette raison même cherche à s'occuper plus utilement dans le Commerce.

[4] L'activité ne suffit pas ; il faut au Libraire une *double* honnéteté pour les Gens-de-lettres; celle des procédés dans l'exploitation, jointe aux égards, au respect : ils sont les maîtres ; le Libraire est un agent libre qui les sert & les oblige.

[5] Un Libraire honnête (à qui, si je le nommais, personne ne disputerait cette qualité) m'a prouvé par l'inspection de ses Regîtres (bien en ordre) qu'un Ouvrage imprimé par lui, à très-grand nombre, & d'un débit sûr, ne lui rapportait pas un tiers de bénéfice. Il n'est pas un Commerçant qui ne place son argent à un intérêt plus fort ; il n'en est guères qui coure plus de risques qu'un Libraire.

[6] Les *Contrefacteurs* ne manquent pas d'alléguer des prétextes pour tâcher d'*innocenter* leur brigandage. *L'éloignement & la difficulté de traiter avec les Gens-de-lettres.* Mais ce n'est rien pour *Rouen* (l'un des repaires de ces Pirates) ; & lorsque les Libraires de *Lyon* ont découvert un bon Manuscrit, ils savent

comment se le procurer: cependant ils préféreront toujours l'achat d'un Exemplaire de 30 f. à celui du Manuscrit de 25 louis; & sans-doute ils ont raison, puisque les Gens-de-lettres ont le privilége exclusif & très-singulier de se voir légitimement volés; que la ferme confiée à leurs Exploitans peut être mise au pillage contre toutes les loix sociales. *Les Productions de l'esprit devenues publiques, n'appartiennent à Personne: Les Contrefaçons donnent de l'étendue au Commerce* &c. Ces propos marquent avec quelle impudence on emploie de mauvaises raisons, lorsqu'on veut se justifier à soi-même une action injuste. Quoi! le fruit de mes veilles, les Ouvrages qui ont consumé ma santé ne m'appartiendront plus? Et toi, brigand étranger, tu as le droit acquis de me priver des seconde, troisième & quatrième Éditions, qui m'eussent assuré sur mon Exploitant le fond de ma subsistance! Vien donc, Pirate infâme, achever le crime, & plonge... Mais depuis quand le vol est-il regardé comme un moyen de favoriser la circulation des richesses? Il en tarit la source au contraire, en répandant la défiance & le découragement. *Pourquoi ne contreferons-nous pas, si Berne, Lausane &c, peuvent le faire?* Les Nationaux courront-ils sus aux vaisseaux Français, lorsque les Anglais en donneront l'exemple?... Mes ouvrages, non-cédés, m'appartiennent quant au fond, & le débit est le droit sacré de mon Exploitant; l'Homme-de-lettres & le Libraire sont inséparables; ils se sont mutuellement, essenciellement nécessaires. Et l'on prétend les desunir, les opposer! mon sang s'allume.... *Quò ruimus, insani!*

Donnez à bon-marché; gagnez moins, & vous ne serez pas contrefaits. On pourrait tenir ce langage au Libraire de *Limoges* ou d'*Aurillac*; qui, dans le cas même où ils rétribueraient pour le Manuscrit, payant moins le papier & la main-d'œuvre &c, profitent davantage en lucrifiant *30 sous*, qu'un Libraire à *Paris* en gagnant *3 livres*. Je me suis convaincu que ce dernier, en donnant au *prix-coûtant*, peut encore être contrefait à *Limoges* avec tiers de bénéfice. Que faire donc? Le voici : La *contrefaçon* efficacement prohibée, l'Homme-de-lettres recherché par le concours des Libraires de tout le Royaume, sera convenablement rétribué, travaillera plus soigneusement, ce qui rendra le commerce de Livres plus florissant, plus étendu, plus solide : Alors le Libraire acquereur, que la crainte ne retiendra plus, non-seulement fera de belles éditions*, mais il décuplera son nombre, & par ce moyen pourra laisser aux anciens *Contrefacteurs* une remise capable d'encourager leur commerce, & de compenser leurs profits illicites. L'Angleterre & la Hollande, où les *Contrefaçons* n'ont pas lieu, entendraient-elles mal leurs intérêts? On ne le présumera pas de la sagesse de ces deux Na-

* La belle édition de *Tacite* que vient de donner L. F. DE LATOUR en est une preuve : cet ouvrage ne craint plus les contrefaçons. J'ajoute, à cette occasion, que les anciennes *propriétés* des Libraires doivent être maintenues soigneusement; elles sont le nerf de la Librairie nouvelle, qui s'étaye & se soutient sur les fonds que produit l'ancienne.

tions commerçantes. A ce propopos, je remarquerai, que l'Histoire d'Angleterre par M. *Hume*, a valu 90 mille livres à son Auteur.

Nota. L'Irlande a droit de contrefaire, mais aucuns de ses Livres ne passent en Angleterre.

[7] S'il arrive que la vente d'un Ouvrage soit arrêtée par le Gouvernement, le Libraire de *Paris* a couru tous les risques ; mais lorsque de nouvelles lumières, le silence des Clabaudeurs &c, donnent lieu au débit toléré, ce ne seront ni l'Auteur, ni le Libraire *périllant & risquant* qui en profitent, mais le *Contrefacteur* impudent qui, durant l'interdiction a bravé l'Autorité. Hommes-de-lettres, Homme-de-lettres ! avez-vous d'autres ennemis, d'autres tyrans !

[8] Et voila comme on a servi la Littérature entière, qui ne devait entrer pour rien dans la querelle ! le commun des Gens-de-lettres en éprouve les tristes effets ; les Ouvriers des Arts relatifs à l'impression sont en proie à la misère, &c.

[9] Un Arrêt du Parlement donna cette action aux Souscripteurs ; & pas un d'eux ne se présenta pour reprendre : ce trait est bien honorable à notre siècle !

[10] Tout l'honneur, toute l'existance commerçante d'un Libraire dépend de l'acquit d'un billet qu'il a souscrit ; au-lieu qu'un Homme-de-lettres libraire, en y manquant n'est blessé que dans la partie de lui-même la moins sensible. On dit souvent, L'Homme-de-lettres est pauvre & le Libraire est riche-? L'on ne veut donc pas voir, qu'un seul Libraire, outre ses Livres de fond, fait les affaires de vingt Hommes-de-lettres, & que chacun de ceux-ci ne conduit que sa propre affaire ; que l'Homme-de-lettres ne doit ni ne peut se captiver comme le Commerçant &c ?

[11] *Les Gens-de-lettres ne fesant pas corps de Jurande, feront toujours lésés* &c. Non; un seul Homme-de-Lettres peut représenter tout un Corps auquel il ne faut qu'une voix, parce qu'il n'a pas besoin de formalités pour se faire entendre; la Littérature a deux PÈRES qui la protégent, & l'accueillent toujours avec bonté. (D'ailleurs, lorsqu'un Livre est bon & bien annoncé, il se vend, même en dépit du Libraire).

[12] Que sera-ce, si (comme je le fais entendre dans une Feuille que je viens de publier) l'on considère la Littérature comme animant les Spectacles & tous les plaisirs qui font affluer l'étranger? [Sur l'Ambigu-Comique.]

[13] J'ai donné plus haut une raison des profits considérables des Financiers; il en est une autre plus politique; C'est afin qu'ils soient toujours en état de solder & d'avancer. Le gain de toutes les Maîtres des professions où l'on avance beaucoup, doit être en raison de ces avances, si l'on veut que les salaires soient exactement payés.

[14] MM. *Denisart* & *Restaut* ont toujours fait imprimer leurs ouvrages, & les ont vendus aux Libraires, & même aux Particuliers, sans que la Communauté des Marchands de-Livres les ait jamais traversés: Parce-que ces deux Auteurs n'ont jamais correspondu; qu'ils n'ont jamais échangé leurs Livres, pour *faire le comerce*; car dans ce cas sans-doute la Compagnie aurait usé de son droit. C'est sophistiquer que de nous dire: *Ne puis-je pas me faire payer en Livres comme en argent?* Personne ne le dispute: mais que je reçoive argent ou Livres, je ne saurais

commercer, *librayer*, si je suis Homme-de-lettres; je ne le dois pas, si je ne suis ni Homme-de-lettres ni Libraire. Le respectable Magistrat, plus célèbre par sa sagesse, que par l'importante Place qu'il remplit, n'a prononcé que sur la forme, lorsqu'il s'est agi de la Saisie des Libraires qui a causé tant de fermentation.

[15] Heureusement pour les Auteurs-libraires *Calot* ne vit plus; car nous aurions eu des portraits d'Auteurs très-bien *attribués*, que les vrais Hommes-de-lettres ne se fussent jamais avisés de deviner.

[16] L'attention du Souverain à donner des Facteurs honnêtes aux Gens-de-lettres, se manifeste, en ce qu'il a fait une recompense de cet état honorable, pour les Professeurs septenaires de l'Université de Paris. L'on remarque en-général, beaucoup d'aménité, d'instruction, de vraie politesse parmi les Libraires; ils ont moins de cette importante & sotte fierté, que l'ignorance & la richesse donnent aux autres Négocians.

[17] Je ne sais quelle odieuse philosophie commence à se répandre: On dédaigne les Lettres par cynisme, par une impudente mollesse, par air, pour être singulier. Cette façon de penser peut devenir très-dangereuse, & nous replonger dans la barbarie... O Français! ô mes chers Concitoyens, laisserez-vous passer le sceptre de la Littérature à cette Nation hautaine, qui montre toute la force & la fécondité d'une terre neuve? De quel mépris ne nous accablera-t-elle pas, lorsqu'elle pourra cesser de nous admirer!...... Voyez comme elle encourage les Sciences: les

Grands ſe cotisent par des *Souſcriptions-munéraires ;* les Petits veulent tout voir & tout lire; de-ſorte que le Littérateur honoré, qui jouit d'un double avantage, eſt regardé comme le guide des Artiſtes, des Agriculteurs & des Artiſans qu'il éclaire. Et vous, Hommes de lettres Français, ſouffrirez-vous que l'Ignorance & l'Intérêt ôsent prendre la plume, & s'emparer de vos titres? D'un côté, des Auteurs ſans lumières & ſans érudition, aviliſſent l'Art dont ils veulent s'honorer. De l'autre, l'Avidité calculante, ne cherche à ſe connaître en Ouvrages, que par le produit des ventes & des Exploitations. Baniſſez de votre ſociété ces Usurpateurs de vos droits, & montrez à l'Univers votre illuſtre Corps dans cet éclat, cette pureté qu'avoueraient *Horace* & *Boileau.*

FIN.

www.ingramcontent.com/pod-product-compliance
Ingram Content Group UK Ltd.
Pitfield, Milton Keynes, MK11 3LW, UK
UKHW020545180726
13838UKWH00001B/53